大学入試

英語長文

JN000292

東進ハイスクール・東進衛星予備校講師
安河内哲也

レベル
2

標準編

問題編

大学入試

英語長文
ハイパー
トレーニング

レベル
2

標準編

問題編

Contents

Unit 1 ……………………………………… 2
Unit 2 ……………………………………… 6
Unit 3 ……………………………………… 9
Unit 4 ……………………………………… 14
Unit 5 ……………………………………… 18
Unit 6 ……………………………………… 22
Unit 7 ……………………………………… 26
Unit 8 ……………………………………… 30
Unit 9 （マーク式解答）……………… 33
Unit 10 ……………………………………… 38
Unit 11 （マーク式解答）……………… 41
Unit 12 ……………………………………… 45

　ある文章との出会いは, 人と人との出会い同様, 皆さんの心や人生に大きな影響を与えるものですね。これから皆さんが出会う12編の文章も, これからの英語人生の基礎知識として, 皆さんと長くつきあっていくことになるのだと思います。

　これらの英語の文章を, 問題を解いて答え合わせをしただけで終わりにするような勉強法では, 英語の実力は決して身につきません。でたらめにやって量をこなすのではなく, 1つ1つの文章を噛みしめ, 味わい, 何度も繰り返し, 「本当に」マスターすることが, 真の読解の勉強です。

　この冊子には, 皆さんが読解力を身につけるのに最適な内容の標準レベルの12編の英文が収録されています。12もの英文を「きちんと」学ぶのは, 皆さんが思っているよりもはるかに大変なことだとは思いますが, 皆さんの一生ものの読解力の基礎を作っていくこれらの英文を, ていねいに, 大切に, 楽しんで勉強してくださいね。

UNIT 1

出題データ

●ワード数：348 words

●難易度：共通テストレベル

解答と解説：本冊 p.20～33

●目標解答時間：20分

次の英文を読み，後の問いに答えなさい。

Why is our earth the kind of planet it is? Not only because it is full of a number of things. Not only because some parts are more full of things than others. But also because the things in it are related. The earth is like a watch. (ア)(1) about   (2) of   (3) acci

5 dental   (4) the   mechanism   (5) nothing   (6) there's   (7) a watch. Each part is a working part and each is absolutely necessary to make the watch go. Furthermore, the watch can go only when each part is (イ) connected with other parts.

All the parts of the earth are (ウ) working parts, and are

10 necessary to make it "go." Consider physical features such as the Grand Canyon of the Colorado River and Mt. Fuji, in Japan. They are the result of relationships between the land, the water, and the air. These relationships started millions of years ago and have continued (エ) this very day.

15 There's another (オ)way in which the earth resembles a watch. It's a precision instrument. Unlike a watch, it shows no sign of (カ) down or stopping. "Seed time and harvest, and cold and heat, and summer and winter, and day and night" continue to arrive, (キ) time.

20 How do we understand how a watch works? Only by knowing

what use each spring, gear, and wheel serves, and how the parts hang together. (ク) In the same way, we can understand how our world works only by getting to know the parts and the relationships between them.

25　　This, however, is not easy, even if it could be done (ケ). For there are far more working parts to the earth than to a watch or (コ). Nobody yet knows exactly how many working parts there are. After all, some parts of the world are still barely known. Large areas of Antarctica remain unexplored. So are large areas of the

30　atmosphere and the oceans, (サ) (1) are　　(2) both　　(3) at work (4) which　　(5) of all the time cooling and warming, drying and moistening the land surfaces of the earth. Then again, some of the relationships between the (シ) working parts are not fully understood.

■ 設問 ■

1．(エ)，(キ)に入る最も適切な前置詞を，①〜④の中から1つ選びなさい。
　　(エ) ① after　　　② by　　　③ on　　　④ to
　　(キ) ① at　　　② by　　　③ with　　　④ on

2．本文の内容に合うように(イ)，(ウ)，(カ)，(ケ)，(シ)に入る最も適切な語を，①〜④の中から1つ選びなさい。
　　(イ) ① accidentally　　② directly
　　　　③ normally　　　　④ properly
　　(ウ) ① frequently　　　② likewise
　　　　③ otherwise　　　　④ reasonably
　　(カ) ① coming　② going　③ letting　④ running
　　(ケ) ① at last　② at most　③ at all　④ at that
　　(シ) ① completed　② known　③ uncompleted　④ unknown

3. (コ)に入る適切な句を，①～④の中から1つ選びなさい。

① all other precision instruments

② any other precision instrument

③ no other precision instruments

④ some other precision instrument

4. 下線部(ア)を並べ換えて正しい文を作ったとき，3番目にくる語(句)と5番目にくる語(句)の番号を答えなさい。ただし，文頭にくる語(句)も小文字になっている。

5. 下線部(サ)を並べ換えて正しい文を作ったとき，2番目にくる語(句)と4番目にくる語(句)の番号を答えなさい。

6. 下線部(オ)の単語 way と同じ意味で使われているものを，①～④の中から1つ選びなさい。

① Do you know the way to the station?

② In some ways, it's quite a good idea, but the high cost makes it impossible.

③ There are many ways of solving the problem.

④ Which way is the library from here?

7. 下線部(ク)を日本語に訳しなさい。

8. 本文の内容と一致しないものを，①～⑤から1つ選びなさい。

① The earth is a complicated machine consisting of countless parts working together.

② All of the various parts of the earth are necessary for it to continue as it is today.

③ Unlike a watch, the earth is slowly approaching its end.

④ We need to learn how the different parts of the earth interact.

⑤ It is difficult to understand how the earth works because it has many complicated parts.

■ 解答欄 ■

1	(エ)		(キ)	
2	(イ)	(ウ)	(カ)	
	(ケ)	(シ)		
3		4	3番目	5番目
5	2番目	4番目	6	
7				
8				

UNIT 2

出題データ

解答と解説：本冊 p.34〜45

●ワード数：321 words

●難易度：共通テストレベル

●目標解答時間：25分

次の英文を読み，後の問いに答えなさい。

Human beings are the highest product of evolution. Human intelligence is far superior to that of any other organism. In structure, the human body is closely related to (1) (　　　) of the chimpanzees, gorillas, orangutans, and *gibbons. But this does not
5 mean that human beings evolved from any of these apes.

From their study of *fossils, scientists think that ancient humans and apes had common ancestors millions of years ago. (a) Apes and humans evolved in different directions and became adapted to different ways of life.

10 More fossils of early human beings are being discovered each year, and accurate ways of (2) (　　　) them are being developed. But scientists still do not know the complete story of human evolution.

In Africa, scientists have discovered human fossils that are
15 believed to be more than 2,000,000 years old. Among some of these fossils, simple tools have been found. Thus scientists know that those prehistoric people could make tools. (b) They no doubt were able to show their children how to make tools and how to use them.

The bodies and brains of early human beings slowly evolved.
20 They made better tools and weapons and became skillful (3) (　　　).

Gradually they learned to talk with one another. They discovered fire and learned how to make it.

Human beings have had their "modern" form for about 100,000 years. If some of the first "modern" human beings were dressed in
25 modern clothes, (4) ( ) on the street. But the Neanderthal humans, who had developed in a parallel line, became extinct about 30,000 years ago. They apparently could not compete successfully with the direct ancestors of modern humans.

For thousands of years, people lived in caves, on open plains,
30 and in jungles. Gradually they began to train animals and grow plants for their own use. In time, they began to keep records of their history. (5) ( ).

*[注] gibbons：テナガザル   fossil：化石

■ 設問 ■

1．下線部(1)に入る最も適切な語を，①〜④の中から 1 つ選びなさい。
　① any　　　② one　　　③ that　　　④ those

2．下線部(2)に入る最も適切な語を，①〜④の中から 1 つ選びなさい。
　① dating　　② guessing　　③ knowing　　④ recording

3．下線部(3)に入る最も適切な語を，①〜④の中から 1 つ選びなさい。
　① farmers　　② fighters　　③ hunters　　④ speakers

4．下線部(4)に入る最も適切な語句を，①〜④の中から 1 つ選びなさい。
　① you might not miss them
　② you should not pass them
　③ you would not notice them
　④ you could not fail them

5．下線部(5)に入る最も適切な文を，①〜④の中から 1 つ選びなさい。
　① They are the last and only beings that can survive any disaster by learning from their own evolutional history.

② They will not be the first and only beings to be able to record their own evolutional history.

③ They are the first and only beings to seek out their own evolutional history.

④ They will be the last and only beings that have not sought out their own evolutional history.

6．下線部(a)，(b)を日本語に訳しなさい。

7．本文の趣旨に合うものは T，合わないものには F と書きなさい。

① 人類の進化についてはまだ完全にわかっていないが，骨格から見て類人猿が人類の祖先であると信じる人もいる。

② 類人猿と人類の祖先は同じであるが，進化の方向が異なり，違う生活様式をとるようになったのである。

③ 有史以前の人類は道具を使うことができたが言葉を持っていなかったので，子孫にその使い方を伝えられなかった。

④ ネアンデルタール人は他の原始人とまったく同じ方法で進化をしなかったことが原因となり，約 3 万年前に滅びた。

⑤ 原始人の体や頭脳の発達は遅かったので，言葉を使って互いに意思疎通ができるようになるまでに約 10 万年かかった。

■ 解答欄 ■

1		2		3	
4		5			
6	(a)				
	(b)				
7	①	②	③	④	⑤

出題データ

●ワード数：434 words

●難易度：共通テストレベル

解答と解説：本冊 p.46～63

●目標解答時間：25分

次の英文を読み，後の問いに答えなさい。

"Do you think that American culture has influenced Japan positively?" An American man, sitting next to me at a party, asked me this question. I gave him a ①commonplace answer like, "Some Japanese think that the American influence has been positive, but

5 others think that it has been ☐ A ☐." The look on his face told me that he had gotten similarly unsatisfactory answers from other Japanese. To him, the word "you" meant "you yourself"; but to me, because of group harmony, "you" meant "you Japanese." I was accustomed (ア)[make] a general comment rather than a personal

10 one. In Japan, I seldom had a chance to express my personal opinions. On those rare occasions, I tried to state ☐ B ☐, harmless opinions. Otherwise, (a)expressing contrary opinions would cause disorder, and (b)I was afraid of being excluded from the group. However, Americans learn in elementary school to ②speak out. In

15 that culture, (c)having no personal opinions is a sign of incapability.

I answered, "Well, let me see. American culture has raised women's status in Japan, and I appreciate that very much. (d)Women have become more able to display their abilities." Still, I wasn't truly satisfied with my comment because it was so ordinary.

20 After that incident, I was still apt to give general ③responses by

9

saying "We Japanese..." When (ｲ) [ask], "What do you think about international marriage?" I replied, "We Japanese are ④conservative — so, generally speaking, parents object to international marriage." There again, I heard the ⑤irritation in the American man's

25 voice: "I'm asking for your ⎡ C ⎤ opinion." His facial expression was strong enough to break through the Japanese wall of ⑥ambiguous expressions, and I said: "If the two people understand and love each other, who ⑦cares about nationality?" Then, softly he inquired, "If your parents objected to your own international

30 marriage, what would you do? In the U.S., parental permission is not necessary, but in your country you need it, right?" I answered: "Right, but not legally. I would try to persuade my parents (ｳ) [give] me permission. As a Japanese, I don't think my parents and I are completely separate beings with different personalities." He

35 continued: "If your parents persisted in objecting, what would you do?" I replied: "My parents say that if the man had a warm personality and could communicate with them in Japanese, they would allow the marriage to ⑧take place. Despite the many cultural differences, (e) I would make every effort to win my parents over."

40 Through free interchange of opinions, the conversation developed smoothly. By encouraging further frank give-and-take, we were able to understand and appreciate each other's culture better.

■ 設問 ■

1. 下線部①〜⑧の語句(左欄)とほぼ同じ意味を持つものを，右欄のア〜クから
それぞれ1つずつ選びなさい。

① commonplace	ア．disliking change
② speak out	イ．be held
③ response	ウ．express opinions frankly
④ conservative	エ．ordinary and uninteresting
⑤ irritation	オ．be concerned with
⑥ ambiguous	カ．impatience
⑦ care about	キ．reply
⑧ take place	ク．not very clear

2. 文意から考えて，　A　〜　C　に入る最も適当な語を①〜④から選びな
さい。
　　① neutral　　② contrary　　③ personal　　④ negative

3. 文中の(ア)〜(ウ)の[　]内の語を最も適当な形に直したとき，それぞれ正
しいものを①〜④から選びなさい。
　　(ア) make　　① to make　　② making　　③ to making　　④ made
　　(イ) ask　　① to ask　　② asking　　③ to asking　　④ asked
　　(ウ) give　　① to give　　② giving　　③ to giving　　④ given

4. 下線部(a)〜(e)の表している内容や意味について，最も適当なものをそれぞ
れ次の①〜③から選びなさい。
　　(a) expressing contrary opinions would cause disorder
　　　① showing disagreement would damage the harmony of the
　　　　group
　　　② showing partial agreement would improve harmony
　　　③ group harmony would be fostered by expressing contrary
　　　　opinions

(b) I was afraid of being excluded from the group
   ① I wanted to be independent of the group
   ② I didn't want to be included in the group
   ③ I wanted to be a member of the group

(c) having no personal opinions is a sign of incapability
   ① if you don't have any personal opinions, you are regarded as a talented person
   ② if you have no personal opinions, you won't be considered a talented person
   ③ a talented person doesn't show off

(d) Women have become more able to display their abilities
   ① Women have become less active in society
   ② Women have become more active in society
   ③ Women have become more interested in homemaking

(e) I would make every effort to win my parents over
   ① I would try my best to succeed in gaining the support of my parents
   ② I would try harder to think of ways to get permission from my parents
   ③ I would try hardest to avoid discussing the topic with my parents

5. 次の①～⑤の英文について，本文の内容と一致するものにはT，一致しないものにはFと書きなさい。
   ① The American man meant "you Japanese" when he said "you" in the first example.
   ② The writer had few chances to express her personal opinions in Japan.
   ③ Americans admire a person who always tries to make general comments.

④ The American man was satisfied with the writer's immediate response in the second example.

⑤ The writer thinks that nationality is not important in deciding on a marriage partner.

■ 解答欄 ■

1	①	②	③	④
	⑤	⑥	⑦	⑧
2	Ⓐ		Ⓑ	Ⓒ
3	(ア)		(イ)	(ウ)
4	(a)	(b)	(c)	
	(d)	(e)		
5	①	②	③	
	④	⑤		

UNIT 4

出題データ

解答と解説：本冊 p.64〜77

● ワード数：405 words

● 難易度：共通テストレベル

● 目標解答時間：25分

次の英文を読み，後の問いに答えなさい。

(1) Many people believe that because the automobile is in such general use in America it was invented in the United States. That is not true. The gasoline motor-car that we know began in France and Germany. What Americans did invent was a method of manufacturing cars in ___a___ that in the end they led the world in production, producing some seventy-five percent of all the world's cars.

One reason why motoring began in Europe and, at the start, progressed more quickly there was that the roads were so much better. In no branch of social and economic development was the United States so far behind Europe as in its roads. There were a number of reasons for this.

In Europe ___b___ for thousands of miles of good highways had been laid by the Romans hundreds of years before; it was there, ready to be later built up into fine smooth surfaces by engineers. Second, ___c___ there were not very great, and the large number of towns and villages all quite near one another made roadbuilding economical.

In ___d___ of the American continent, on the other hand, it was easier and cheaper to use the rivers and lakes and to make canals or put down railroads.

American roads had their beginning in the paths used by Indians or those stamped out by cattle. Most of them became seas of mud when it rained, and could then be used only if logs had been laid
25 across them.

So it is not hard to understand why most Americans did not see, as they watched the first few automobiles "speeding" along town streets at ten or fifteen miles an hour, ⟨ e ⟩. To people like farmers it seemed that the car could never take the place of the
30 horse. After all the horse had its own power plant, it needed only what was grown on the farm and it gave back to the farm the best possible natural *fertilizer.

To overcome ⟨ f ⟩ an automobile would have to be more than good — it would have to be easy to operate, easy to mend, able to
35 climb hills and travel over very bad road surfaces. Above all, it had to be cheap.

The answer came, in 1908, in a machine which Henry Ford called his "Model T." With it was born a completely different way of life.

*[注] fertilizer: substance which is put on the land to make crops grow well

■ 設問 ■
1. 下線部(1)を和訳しなさい。

2．文中の空所 [a] ～ [f] に入る適当な語(句)を，①～⑥から選んで入れなさい。

① the hard base   ② anything to get very excited about
③ such numbers   ④ this feeling about the horse
⑤ the great unpeopled spaces   ⑥ distances

3．次の英文のうち，本文の内容と合うものを4つ選び，番号順に答えなさい。

① Bad roads led Americans to the production of the world's first automobiles.

② The automobile didn't come into general use in America until it was inexpensive enough.

③ The U.S. was not ahead of Europe in any branch of economic development except in its roads.

④ In rainy weather American roads were often used with cut-down trees across them.

⑤ The United States is a leading country in the mass production of automobiles.

⑥ European towns and villages were close to one another, so automobiles were produced at a lower cost there than in America.

⑦ The "Model T" can be said to have changed American farmers' idea of cars.

⑧ In America it was cheap to build roads because of the small number of towns and villages.

⑨ Most Americans were very excited when they saw automobiles for the first time.

4．文中で使われている次の①～⑥の単語の中から，アクセントが第1音節にある語を2つ選びなさい。

① machine   ② invent   ③ surface
④ engineer   ⑤ operate   ⑥ manufacture

5．次のア〜ウの意味を表す単語を，①〜⑥から選びなさい。

　　ア．a waterway cut through land which boats can use

　　イ．successfully deal with a problem or a feeling and control it

　　ウ．a factory or a place where power is produced

　　① overcome　　　② progress　　　③ economical

　　④ canal　　　　　⑤ power plant　　⑥ stamp

■ 解答欄 ■

1			
2	a b c		
	d e f		
3			
4			
5	ア	イ	ウ

解答と解説：本冊 p.78〜91

出題データ
● ワード数：358 words
● 難易度：共通テストレベル

● 目標解答時間：25分

次の英文を読み，後の問いに答えなさい。

We have all experienced days when everything goes wrong. A day may begin well enough, but suddenly everything seems to (1) out of control. What invariably happens is that a great number of things (2) to go wrong at precisely the same
5 moment. It is as if a single unimportant event set up a chain of reactions. Let us (3) that you are preparing a meal and keeping an eye on the baby at the same time. The telephone rings and this marks the prelude to an unforeseen series of catastrophes. While you are on the phone, the baby pulls the table-cloth off the table,
10 smashing half your best pots and jars and cutting himself in the process. You hang up hurriedly and (4) to baby, pots and jars, etc. Meanwhile, the meal gets burnt. (5) As if this were not enough to reduce you to tears, your husband arrives, unexpectedly bringing three guests to dinner.

15 Things can go wrong on a big scale as a number of people recently discovered in Parramatta, a suburb of Sydney. During the rush hour one evening two cars crashed into each other and both drivers began to argue. (6) happened to be a learner. She suddenly got into a panic and stopped her car. This made (7)
20 brake hard. (8) was holding a large cake. As she was thrown

forward, the cake went right through the window and landed on the road. Seeing a cake flying through the air, a truck-driver who was drawing up alongside the car, pulled up all of a sudden. The truck was loaded with empty beer bottles and hundreds of them slid off

25 the back of the vehicle and on to the road. This led to yet another angry argument. Meanwhile, the traffic piled up behind. (9) [ア. get イ. hour　ウ. police　エ. took　オ. nearly　カ. it　キ. to ク. the　ケ. an] the traffic on the move again. In the meantime, the truck-driver had to sweep up hundreds of broken bottles. (10) Only

30 two stray dogs benefited from all this confusion, for they greedily ate what was left of the cake.

■ 設問 ■

1．文中の(1)～(4)の空所に入る最も適切な動詞を，ア～オの中からそれぞれ1 つずつ選びなさい。

(1) ア．set　　イ．get　　ウ．put　　エ．let　　オ．cut
(2) ア．refuse　イ．move　ウ．choose　エ．lose　オ．arise
(3) ア．make　イ．take　ウ．discover　エ．invent　オ．suppose
(4) ア．attend　イ．fall　ウ．wait　エ．play　オ．speak

2．下線部(5)の和訳として最も適切なものを，ア～オの中から1つ選びなさい。

ア．この程度ではあなたの体を引き裂くには不十分だといわんばかりに，

イ．あなたを精神的な分裂状態に落としこむには，これでは不十分であるか のように，

ウ．あなたの体がいくつにも分かれて，同時にいろいろな仕事ができるよう にと，

エ．あなたの目から涙が出る程度では不服だといわんばかりに，

オ．これだけではあなたを泣きたい気分にさせるのには不十分だと言わんば かりに，

3. 文中の(6)～(8)の空所に入る最も適切なものを，それぞれア～オの中から選びなさい。ただし，その語句が文頭にくる場合も，始めの文字は小文字になっている。

    ア．one of the three guests whom the husband brought to dinner

    イ．his wife who sat beside him

    ウ．the driver following her

    エ．one of the people in Parramatta who owned two cars

    オ．the woman immediately behind the two cars

4. 下線部(9)を正しい語順に並べ換えたとき，[   ]の語で5番目にくる語を選びなさい。ただし，文頭にくる語も小文字になっている。

5. 下線部(10)を日本語に訳しなさい。

6. 次の(11)～(13)の各文に入る最も適切なものを，それぞれア～オの中から選びなさい。

  (11) A single unimportant event（   ）disastrous consequences.

    ア．should necessarily lead to

    イ．can prevent

    ウ．may sometimes bring about

    エ．cannot be the mark of the beginning of

    オ．can benefit from

  (12) The truck stopped suddenly（   ）

    ア．in order not to hit the car in front.

    イ．in order to draw up alongside of the car.

    ウ．because the driver did not want to run over the two stray dogs.

    エ．because the driver had seen a cake flying in the air.

    オ．because the driver had to sweep up hundreds of broken bottles.

(13) An unforeseen series of catastrophes (　　　) the traffic jam.
ア．caused　　　　　　　イ．found　　　　　　　　ウ．removed
エ．was removed by　　　オ．was caused by

■ 解答欄 ■

1	(1)	(2)	(3)	(4)
2				
3	(6)	(7)		(8)
4				
5				
6	(11)	(12)		(13)

UNIT **6**

出題データ

●ワード数：391 words

●難易度：発展

解答と解説：本冊 p.92〜105

●目標解答時間：25分

次の英文を読み，後の問いに答えなさい。

One of the toughest aspects of the policeman's job is the fact that he must make (A) on-the-spot decisions. He must make up his mind "right now" without the luxury of thinking for too long, looking up information in a book, or (B) [(ア) is best (イ) a
5 superior (ウ) which (エ) asking (オ) course of action]. The policeman is under real pressure; pressure which he can't avoid. The conflict occurs when some situation requires a decision which isn't easy; (a), he would prefer not to have to commit himself to an action which may prove wrong. The wrong decision can lead
10 to troubles like being severely criticized by his superior, or it can lead to unnecessary injury or death.

Take, for example, the case of the policeman pursuing an armed robber (b) foot in a crowded downtown street. The criminal fires on the officer, but should the officer return the fire? If he does,
15 he may endanger the lives of the fleeing citizens. If he doesn't, he may (c) to arrest the criminal, or he may himself get shot. Assume the officer decides to return the fire; assume the robber is captured but some bystander is also wounded. The newspapers will no doubt bring pressure on the so-called "wild West" ways of the
20 police force.

Usually, the officer has no truly excellent alternatives; most of the on-the-spot decisions he must make are like the example: a choice of evils. No wonder the policeman is in conflict from the pressure to choose one evil (d) a quick decision and his real

25 desire to (C) get himself off the hook by avoiding the issue.

Because the officer is always on the hot spot and has to make choice-of-evil decisions, he may also feel irritated with people who don't have to (D) stick their necks out. This understandable impatience with the luckier people who don't work under such

30 pressure can actually lead to troubles between policemen and others with whom they must work, such as lawyers, judges, doctors and the like.

(E) The best solution for the problem caused by the need for on-the-spot decisions would be to improve police training. The job

35 can't be changed, but the more knowledge and experience the officer can bring to the "hot spot," (F) [(ア) he　　(イ) the right decision　　(ウ) the better　　(エ) to make　　(オ) will be able]. Thorough training can make the policeman more confident of making correct decisions.

■ 設問 ■

1. 本文中の(a)〜(d)の空所に入る最も適当な語を，次の(ア)〜(エ)の中から1
つずつ選びなさい。

   (a)　(ア) kindly　(イ) fortunately　(ウ) unfortunately　(エ) naturally
   (b)　(ア) by　　(イ) for　　　(ウ) on　　　　　(エ) in
   (c)　(ア) fail　(イ) succeed　　(ウ) try　　　　 (エ) hope
   (d)　(ア) to　　(イ) through　　(ウ) about　　　(エ) despite

2．下線部(A)，(C)，(D)の意味に最も近いものを，次の(ア)〜(エ)の中から1つ
  ずつ選びなさい。

  (A) (ア) 自発的な   (イ) 不名誉な
      (ウ) 間違いのない   (エ) 即座の

  (C) (ア) 離れ業をやってみせる   (イ) 武器を手に入れる
      (ウ) 困難から逃れる   (エ) 事実をかぎつける

  (D) (ア) 知恵をしぼって考える   (イ) あえて危険に身をさらす
      (ウ) 新しい事態に直面する   (エ) 亀のようにのんびりかまえる

3．下線部(B)，(F)の(ア)〜(オ)の語(句)を意味の通るように並べ換えるとき，
  [　　]内で最初から3番目にくる語(句)の記号を書きなさい。

4．下線部(E)を日本語に訳しなさい。

5．本文の内容と一致するものを(ア)〜(エ)の中から1つ選びなさい。
  (ア) The policeman is often required to act before he has enough
      time to think.
  (イ) In a crowded street a police officer shouldn't use his gun even
      if he is shot at.
  (ウ) The police don't have to pay much attention to what the
      newspapers say about them.
  (エ) Police officers learn a lot more while on the "hot spot" than
      they do from training.

6．本文の主題として最も適当なものを(ア)〜(エ)の中から1つ選びなさい。
  (ア) Training the toughest policemen
  (イ) The policeman's choice, the criminal's choice
  (ウ) The press and the job of policemen
  (エ) The conflict for the policeman in decision-making

7. (1)～(5)の語について，最も強く発音する音節の記号を書きなさい。

(1) superior [su-pe-ri-or]
　　　　(ア)(イ)(ウ)(エ)

(2) injury [in-ju-ry]
　　　　(ア)(イ)(ウ)

(3) criminal [crim-i-nal]
　　　　(ア)(イ)(ウ)

(4) endanger [en-dan-ger]
　　　　(ア) (イ) (ウ)

(5) excellent [ex-cel-lent]
　　　　(ア)(イ) (ウ)

■ 解答欄 ■

1	(a)	(b)	(c)	(d)
2	(A)	(C)		(D)
3	(B)		(F)	
4				
5		6		
7	(1)	(2)	(3)	
	(4)	(5)		

UNIT 7

出題データ

解答と解説：本冊 p.106〜119

● ワード数：379 words
● 難易度：共通テストレベル

目標解答時間：25分

次の英文を読み，後の問いに答えなさい。

If you tell someone that you want to make a career as an actor, you can be sure that within two minutes the word 'risky' will come up. And, of course, acting is a very risky career. (1) The supply of actors is far greater than the demand for them.

5　　Once you choose to become an actor, many people who you thought were your closest friends will tell you you're crazy, though some may (2) react quite oppositely. No two people will give you the same advice. But it is a very personal choice you are making and only you can take responsibility for yourself and for (3) realizing your ambition.

There are no easy ways of getting there — no written examinations to pass, and no absolute assurance that when you have successfully completed your training you will automatically (4) make your way in the profession. It is all a matter of luck plus talent. Yet

15　there is a demand for new faces and new talent, and there is always the prospect of excitement, charm and the occasional rich reward.

I have frequently been asked to explain this magical thing called talent, which everyone is looking out for. I believe it is best described as natural skill plus imagination — (5) the latter being the

20　most difficult quality to estimate. And it has a lot to do with people's courage and their belief in what they are doing and the way they are expressing it to the audience.

Where does the desire to act come from? (6) It is often very difficult to put into words your own reasons for wanting to act. 25 Certainly, in the theater the significant thing is that moment of contact between the actor on the stage and a particular audience. And making this brief contact is central to all acting, wherever it takes place — it is what drives all actors to act.

If you ask actors how they have done well in the profession, the 30 response will most likely be a shrug. They will not know. They will know certain things about themselves and aspects of their own technique and the techniques of others. But they will take nothing for granted, because they know that they are only as good as their current job, and that their fame may not continue.

■ 設問 ■

1. 下線部(1)の内容として最も適当なものを，ア～エから1つ選びなさい。
　　ア．俳優の需要と供給のバランスは，非常に不安定である。
　　イ．俳優には，需要が供給を上回る状態こそ望ましい。
　　ウ．俳優を志す人はたくさんいるが，その働き口は不足している。
　　エ．俳優になっても，安定した暮らしができるとは限らない。

2. 下線部(2)の具体的な意味として最も適当なものを，ア～エから1つ選びなさい。
　　ア．completely agree with you　　イ．firmly ignore you
　　ウ．heartily laugh at you　　エ．strongly oppose you

3. 下線部(3)の意味として最も適当なものを，ア～エから1つ選びなさい。
　　ア．achieving　　イ．maintaining
　　ウ．showing　　エ．understanding

4．下線部(4)の意味として最も適当なものを，ア〜エから1つ選びなさい。
　　ア．join　　　　　　　　　　　　イ．look for a job
　　ウ．play a part　　　　　　　　エ．succeed

5．下線部(5)が指すものとして最も適当なものを，ア〜エから1つ選びなさい。
　　ア．imagination
　　イ．natural skill
　　ウ．natural skill and imagination
　　エ．natural skill or imagination

6．次の英文に続くものとして最も適当なものを，ア〜エから1つ選びなさい。
　　According to the fifth paragraph, _____.
　　ア．actors always have a good reason why they want to be actors
　　イ．it is important for actors on the stage to perform their parts well
　　ウ．all actors are driven to act by the desire to make contact with
　　　　the audience
　　エ．many actors dream of playing the leading role before a large
　　　　audience someday

7．次の問いの答えとして最も適当なものを，ア〜エから1つ選びなさい。
　　What does the last paragraph discuss?
　　ア．Successful actors know the key to success, but they don't reveal
　　　　it to anyone in the profession.
　　イ．Successful actors are not sure why they have succeeded in the
　　　　profession.
　　ウ．Successful actors know that nothing is more important in the
　　　　profession than their own acting ability.
　　エ．Successful actors do not know that there is always a rise and a
　　　　fall in the profession.

8．下線部(6)を和訳しなさい。

9．本文の内容に合わないものを，ア～オから１つ選びなさい。

ア．Once you decide to become an actor, there will be as many opinions about your decision as there are people.

イ．Actors know how to protect themselves against the stress of competing with new faces and new talent for a part.

ウ．Everyone is looking out for certain qualities which are necessary for succeeding as an actor.

エ．If you choose acting as a career, your opportunities of succeeding are not great.

オ．It all depends on luck and talent whether you succeed as an actor.

■ 解答欄 ■

1		2	
3		4	
5		6	
7			
8			
9			

UNIT 8

出題データ

●ワード数：316 words

●難易度：発展

解答と解説：本冊 p.120〜131

目標解答時間：25分

次の英文を読み，後の問いに答えなさい。

Imagine not being able to read the newspaper or the classics; imagine not being able to write a love letter or jot down a shopping list. Millions of people throughout the world are handicapped by being sightless, and their need to read and write is vital. (1) A

5　solution to this difficult predicament was found by the most unlikely of individuals.

Braille, the universally used method of writing and reading for the sightless, was invented by a fifteen-year-old French youth in 1824. The system takes its name from its inventor, Louis Braille

10　(1809–52), who became blind at the age of three because of an unusual accident: his eyes were accidentally pierced while he was playing with his father's tools.

(2) [　　　] his handicap, Louis Braille became an accomplished cellist, organist, and scholar.

15　(3) Like other blind individuals of his time, the methods of reading available to him were *cumbersome at best. Inspired by French army captain Charles Barbier, whose system was invented in 1819 for military communication at night and was called "night-writing," young Braille reduced Barbier's twelve-dot configuration

20　to a six-dot grouping, each (4) [　　　] one to six embossed dots arranged in a six-position cell or matrix.

    Louis Braille, a professor and former student at the Institute for Blind Children in Paris, published his results in 1829 and then again in a more comprehensive form in 1832. Through a long period of
25 fermentation and modification by others, Braille, as a system of communication, achieved worldwide prominence and acceptance in 1916, when members of the U.S. Senate met with representatives of the British government in London to approve the system. It is commonly referred to as Standard English Braille, Grade 2.
30   The basic Braille code has since been modified to represent mathematical and technical symbols as well as musical notation, shorthand, and other common languages. Young Braille (5) (ability, their, to, the, the, in, gave, see, sightless) own way.

*[注] cumbersome: awkward because of being large, heavy or difficult to use

■ 設問 ■

1．下線部(1)，(3)を日本語に訳しなさい。

2．次の Braille の説明で明らかに間違っているものを１つ選んで，番号で答えなさい。
    ① a method of reading and writing   ② a blind man's name
    ③ a system of communication   ④ an English inventor

3．(2)，(4)の空所に入る語(句)をそれぞれ①～④の中から選んで，番号で答えなさい。
    (2) ① Despite   ② Besides
       ③ Thanks to   ④ Overwhelmed by
    (4) ① composes of   ② composing of
       ③ composed of   ④ is composed of

4. (5)の(　　)内の語を並べ換えて，意味の通る文を完成しなさい。

5. 本文の内容と一致するものにはTを，そうでないものにはFを記入しなさい。

① Braille did not greatly alleviate the problems of millions of people unable to read and write.

② Louis Braille, a fifteen-year-old blind boy, was the first to invent the so-called finger reading system.

③ As Braille's early system was, in fact, hard to use, Charles Barbier made it easier to deal with.

④ It was rather long before Braille was finally accepted as the world's standard method of communication for the blind.

⑤ Going through additional modifications, Braille's codes came to represent multi-functional symbols.

■ 解答欄 ■

1	(1)		
	(3)		
2		3	(2)	(4)
4			
5	①	②	③
	④	⑤	

UNIT 9

出題データ

解答と解説：本冊 p.132～145

●ワード数：397 words
●難易度：共通テストレベル

●目標解答時間：20分

次の英文を読み，後の問いに答えなさい。

There were once two people travelling on a train, a scientist and a poet. They had never met before, so naturally, there wasn't much conversation between the two. The poet was minding his own business, enjoying the passing scenery. (1) The scientist was very
5 tense, trying to think of things he didn't know so he could try to figure them out.

Finally, the scientist was so bored, that he said to the poet, "Hey, do you want to play a game?" The poet, (2) being content with what he was doing, ignored him and continued looking out the window,
10 humming quietly to himself. (3) This got the scientist mad, who irritably asked again, "Hey, you, do you want to play a game? I'll ask you a question, and (4) if you get it wrong, you give me $5. Then, you ask me a question, and if I can't answer it, I'll give you $5." The poet thought about this for a moment, but (5) he decided
15 against it, seeing that the scientist was a very bright man. He politely turned down the scientist's offer.

The scientist, who by this time was going mad, tried a final time. "(A), I'll ask you a question, and if you can't answer it, you give me $5. Then you ask me a question, and if I can't answer
20 it, I'll give you $50!" Now, (6) the poet was not that smart

33

academically, but he wasn't totally stupid. He accepted the offer. "Okay," the scientist said, "what is the exact distance between the Earth and the Moon?" The poet, not knowing the answer, (7) <u>didn't stop to think about the scientist's question.</u> He gave a $5 bill to the
25 scientist.

The scientist happily accepted the bill and promptly said, "Okay, now (B)." The poet thought about this for a few minutes, then asked, "All right, (8) <u>what goes up a mountain on three legs, but comes down on four?</u>" The bright look quickly disappeared from
30 the scientist's face. He thought about this for a long time, using his scratchpad and computer.

After about an hour of this, the scientist finally (C). He unwillingly handed the poet a $50 bill. The poet accepted it graciously, turning back to the window. "Wait!" the scientist
35 shouted. "You can't do this to me! What's the answer?" (9) <u>The poet looked at the scientist and calmly put a $5 bill into his hands.</u>

■ 設問 ■

1. 下線部(1)の意味として最もふさわしいものを次の①〜④の中から1つ選び、番号をマークしなさい。
　① 科学者は、解く楽しみを与えてくれるような問題を真剣に探していた。
　② 科学者は、真剣に問題を考えた末、その問題を図示することにした。
　③ 科学者は、真剣になったので、解く楽しみを与えてくれる問題を探しあてることができた。
　④ 科学者は、真剣になったので、問題を解決することができた。

2. 下線部(2)を他の英語で言い換えた場合、最もふさわしいものを次の①〜④の中から1つ選び、番号をマークしなさい。
　① and he was satisfied with looking out of the window

34

② since he was satisfied with looking out of the window

③ and he was satisfied with doing nothing

④ since he was satisfied with doing nothing

3．下線部(3)が指す内容として最もふさわしいものを次の①〜④の中から1つ選び，番号をマークしなさい。

① 科学者が自分のやっていることに満足していたこと

② 詩人がゲームをやりたくなかったこと

③ 詩人が科学者の呼びかけにまったく応じなかったこと

④ 科学者がゲームをやりたかったこと

4．下線部(4)の意味として最もふさわしいものを次の①〜④の中から1つ選び，番号をマークしなさい。

① たとえ間違えても　　② もしも間違えたら

③ たとえ悪く思っても　　④ もしも悪く思ったら

5．下線部(5)を他の英語で言い換えた場合，最もふさわしいものを次の①〜④の中から1つ選び，番号をマークしなさい。

① he decided not to refuse the offer

② he decided to turn down the game

③ he decided not to play the game

④ he decided not to play the game for the second time

6．空欄(A)に入る最もふさわしいものを次の①〜④の中から1つ選び，番号をマークしなさい。

① Bye　　② Ouch　　③ Wow　　④ Look

7．下線部(6)の意味として最もふさわしいものを次の①〜④の中から1つ選び，番号をマークしなさい。

① 詩人は，学問的な頭脳はあまり持ち合わせていなかった。

② 詩人は，学問的な見地から言えば，科学者より賢かった。

③ 詩人は，大学時代に優秀な成績を収めたとは言えなかった。

④ 詩人は，賢い学者とは言えなかった。

8．下線部(7)を他の英語で言い換えた場合，最もふさわしいものを次の①〜④の中から1つ選び，番号をマークしなさい。

①　quickly decided what to answer to the question

②　finally gave up thinking about the question

③　spent some time on thinking about the question

④　quickly decided not to think about the question

9．空欄(B)に入る最もふさわしいものを，次の①〜④の中から1つ選び，番号をマークしなさい。

①　it's his turn　　　　　　②　it's your turn

③　that you are here　　　　④　and then

10．下線部(8)の問題を出したとき，詩人はどんな筋書きを考えていたか。最もふさわしいものを次の①〜④の中から1つ選び，番号をマークしなさい。

①　科学者が簡単に答えを出すものと思っていた。

②　科学者が答えを出し，自分はもっと気の利いた答えを出すつもりだった。

③　科学者が答えを出せず，自分は答えを出す自信があった。

④　科学者が答えを出せず，自分は答えを出さずともよいと考えていた。

11．空欄(C)に入る最もふさわしいものを次の①〜④の中から1つ選び，番号をマークしなさい。

①　answered　　　　　　②　laughed

③　gave out　　　　　　④　gave up

12．下線部(9)の内容として最もふさわしいものを次の①〜④の中から1つ選び，番号をマークしなさい。

①　詩人は科学者をじらした。

②　詩人は答えを言わず，科学者に5ドルの請求書を突きつけた。

③　詩人は答えを言わず，科学者に5ドル渡した。

④　詩人は科学者にわいろを渡した。

13. 本文の内容と一致しないものを次の①～④の中から1つ選び，番号をマークしなさい。

　① 科学者は自分がゲームに負けたら，賭け金を10倍払うという意味のことを申し出た。

　② 詩人は詩作に没頭していた。

　③ 詩人の賢さが科学者の賢さに勝った。

　④ 科学者は，詩人の出した問題を約1時間考えた。

■ 解答欄 ■

1	①	②	③	④	8	①	②	③	④
2	①	②	③	④	9	①	②	③	④
3	①	②	③	④	10	①	②	③	④
4	①	②	③	④	11	①	②	③	④
5	①	②	③	④	12	①	②	③	④
6	①	②	③	④	13	①	②	③	④
7	①	②	③	④					

●ワード数：430 words

●難易度：発展

解答と解説：本冊 p.146〜159

●目標解答時間：25分

出題データ

次の英文を読み，後の問いに答えなさい。

Visitors to Britain are often surprised by the strange behavior of the inhabitants. (1) One of the worst mistakes is to get on a bus without waiting your turn in the line. The other people in the line will probably complain loudly! People respond to someone getting
5　ahead in a line in an emotional way. Newspaper headlines describe anger at people who pay to bypass a hospital waiting list to get an operation more quickly. (2) Standing in line is a national habit and it is considered polite or good manners to wait your turn.

　　In recent years smoking has received a lot of bad publicity, and
10　fewer British people now smoke. Many companies have banned smoking from their offices. It is less and less acceptable to smoke in a public place. Smoking is no longer allowed on the London underground, in cinemas and theaters and most buses. It is considered bad manners to smoke in someone's house without
15　asking "(　①　)"

　　On the other hand, in some countries it is considered bad manners to eat in the street, whereas in Britain it is common to see people having a snack while walking down the road, especially at lunchtime. (3) The British may be surprised to see young children in
20　restaurants late at night because children are not usually taken out

to restaurants late at night and, if they make noise in public or in a
restaurant, it is considered very rude. About one hundred years ago,
it used to be said "(②)" since children did not participate at all
in public life. In recent years they are playing a more active role
25 and they are now accepted in many pubs and restaurants.

Good and bad manners make up the social rules of a country
and are not always easy to learn because they are not often written
down in books. These rules may also change as the society
develops; for example, women did not go into pubs at the beginning
30 of the 20th century because it was not considered respectable
behavior for a woman. Now both women and men drink freely in
pubs and women are more integrated into public life.

(4) We may think that someone from a different country is being
rude when his or her behavior would be perfectly innocent in his or
35 her own country. Social rules are an important part of our culture as
they are passed down through history. The British have an
expression for following these "unwritten rules": "(③)"

■ 設問 ■

1. 空所①に入れるのにふさわしくないものを１つ選びなさい。
   ① Would you mind if I smoke?   ② Do you mind unless I smoke?
   ③ May I smoke here?   ④ Do you mind if I smoke?

2. 下線部(3)の理由として筆者が挙げていないものを１つ選びなさい。
   ① 昼食時に英国ではよく歩きながらものを食べているから。
   ② 英国では，たいていは子どもたちを夜遅く外食には連れて行かないから。
   ③ 子どもたちがレストランで騒ぐのは無作法だから。
   ④ 子どもたちが公共の場で騒ぐのは無作法だから。

3．空所②に入れるのに最もふさわしいものを1つ選びなさい。

① Men would always behave properly,

② Children should be seen and not heard,

③ Women could not be admitted to any restaurants,

④ Young boys and girls could go everywhere by themselves,

4．空所③に入ることわざとして最も適当なものを1つ選びなさい。

① Silence is golden.

② Make hay while the sun shines.

③ A rolling stone gathers no moss.

④ When in Rome, do as the Romans do.

5．下線部(1)，(2)，(4)を日本語に訳しなさい。

6．本文の内容と一致しているものを1つ選びなさい。

① 喫煙は英国ではどこでも許されている。

② 英国では，行列に割り込むことは日常茶飯事である。

③ 社会の変化にかかわらず，社会のルールは不変と言えよう。

④ 20世紀初頭の英国では，女性たちはパブに入らなかった。

■ 解答欄 ■

1		2		3		4	
5	(1)						
	(2)						
	(4)						
6							

UNIT 11

出題データ

解答と解説：本冊 p.160～177

● ワード数：461 words

● 難易度：発展

● 目標解答時間：25分

次の英文を読み，後の問いに答えなさい。

Suppose you were an absolute dictator and had the power to make any law you wanted to. What laws would you make?

The first law I would make would prohibit all advertising. Think how much better the world would be then! The purpose of advertising is to convince people to buy things they don't need and didn't want until they saw the advertisement. You never see advertisements (1) things like potatoes or apples. Without advertising, people would (2) buying things they don't need, and we would all be wealthier. (Of course, a few million people making their living by producing unnecessary things — including advertisements — would lose their jobs. We'd have to help them find some honest work.) (a) A nice side effect of the abolition of advertising is that trash television and trash magazines which are supported by advertising would disappear. The world would become quieter, and we could begin to (A) [advertising, from us, recover, has stolen, the dignity, that]. We might even be able to recover (b) our aesthetic sense of design and color. And, by saving paper, millions of hectares of the world's forests would (3).

Then I'd make a law against private automobiles, at least in big cities. Within days or (4) hours after the automobiles

disappeared, people would see the bright, clear sky again. At night, you could see the Milky Way even in Tokyo, Los Angeles and Mexico City. People could get (5) by trains and bicycles, and by walking. Everybody would be healthier, and fewer people would
25 be overweight. No more big traffic accidents, no more oil wars. Of course, private automobiles might disappear naturally after advertising is abolished.

And of course, I would make a law prohibiting the mining, manufacture, possession or sale of *radioactive material. I would rid
30 the Earth of all such material by sending (c) it up in rockets aimed at one of the black holes in outer space. To make (6) the rockets reached their destination I would have each one manned by a crew of ten nuclear engineers.

Then I would make a law abolishing the right of *belligerency.
35 Anyone who wants to fight a war would have to do it on his or her own responsibility. (B) No hiding behind the myth of the State. If you shoot somebody, even if you are a soldier, you will be arrested, and have to prove in a court of law that you did it in self-defense. The same would be true for politicians who order someone to shoot
40 someone. Of course, with (d) a law like that just about every president and prime minister in the world would be in jail.

Those are the first laws I would make if I were a dictator. What law would you make? Let me guess: a law against dictators.

*[注] radioactive material：放射性物質　belligerency：戦争行為，交戦

■ 設問 ■

1．空所(1)〜(6)に入る適切なものをそれぞれ1つ選び，番号をマークしなさい。

(1) ① on ② in ③ from ④ for

(2) ① consider ② enjoy ③ stop ④ keep

(3) ① be saved ② be increased ③ disappear ④ preserve

(4) ① still ② so ③ even ④ else

(5) ① around ② along ③ across ④ to

(6) ① out ② sure ③ clear ④ for

2．下線部(a)〜(d)について，それぞれの指示にしたがって最も適切なものを1つ選び，番号をマークしなさい。

(a) "A nice side effect" の表す内容

① 多くの人々が職を失うこと

② 広告が廃止されること

③ くだらないテレビ番組や雑誌がなくなること

④ 広告によってテレビや雑誌の経営が成り立つようになること

(b) "our aesthetic sense of design and color" の意味

① 広告に必要なデザインや色

② 広告がデザインと色調に及ぼす影響力

③ デザインと色が本来持つ意味

④ デザインと色への美的感性

(c) "it" の指すもの

① the Earth ② one of the black holes

③ radioactive material ④ the law

(d) "a law like that" の表す内容

① a law abolishing the right of belligerency

② a law against dictators

③ a law of self-defense

④ a court of law

3．下線部(A)の語句を適切に並べ換えたとき，4番目にくるものを選び，番号を
マークしなさい。
　　① advertising　　② from us　　③ recover
　　④ has stolen　　⑤ the dignity　　⑥ that

4．下線部(B)の表す内容として適切なものを1つ選び，番号をマークしなさい。
　　① 戦争は国家の責任である。
　　② 国家の名の下に戦争をしてはならない。
　　③ 国家の神話に史実は隠されていない。
　　④ 国家の神話を勝手に作ってはいけない。

5．本文の内容と一致するものを2つ選び，番号をマークしなさい。
　　① 広告が廃止されると自然に不必要な物品が消えてゆくかもしれない。
　　② 戦う権利を廃止する法律ができれば，正当防衛を証明する機会すら与えら
　　　れない。
　　③ 車が廃止されると人々は今以上に健康になり，体重も増える。
　　④ 新しい法律を作っても人々の購買欲はおとろえず，裕福にはならない。
　　⑤ 人々の必要とするものは何でも広告されて，購買欲をそそる。
　　⑥ 放射性物質の所持・製造などに係わる行為を禁止する法律を作りたい。
　　⑦ 現代の広告の中には人間としての品位を取り戻そうと努力しているものが
　　　ある。

■ 解答欄 ■

1	(1)	① ② ③ ④
	(2)	① ② ③ ④
	(3)	① ② ③ ④
	(4)	① ② ③ ④
	(5)	① ② ③ ④
	(6)	① ② ③ ④

2	(a)	① ② ③ ④
	(b)	① ② ③ ④
	(c)	① ② ③ ④
	(d)	① ② ③ ④

3	① ② ③ ④ ⑤ ⑥
4	① ② ③ ④
5	① ② ③ ④ ⑤ ⑥ ⑦

出題データ

●ワード数：416 words

●難易度：共通テストレベル

解答と解説：本冊 p.178〜193

●目標解答時間：25分

次の英文を読み，後の問いに答えなさい。

This is a story of honesty, sheer good luck, and (1) <u>unbelievable initiative</u>. My friend Tom cycled the 10km from Yoyogi to Kichijoji to start a heavy day's teaching for a language school. (2) sooner had he arrived there, however, than he was on the telephone. "I've

5　lost my bag," he said. "It's got everything in it!"

This, it seems, happens quite a lot here. (3) Some foreigners are very careless because they automatically expect that because they are in Japan anything they lose will be returned.

Tom wanted me to cycle around the neighborhood to see where

10　the black, leather bag might have fallen from his bicycle.

"Do you mean to tell me you didn't secure it?" I said to him.

"No," he said. "I left in a hurry and cycled off with it balancing on the back."

There was one thing in his favor. He lived in Japan.

15　"Well," I said to (4) <u>lift his spirits</u>, "because you're living in Japan the chances are very good that you'll get your bag back. In fact, (5) <u>they are excellent</u>."

"I hope so. God, I hope so," said Tom.

True to my prediction, when the phone rang again about an

20　hour or so later, it was a young Japanese named Daisuke Takakawa, calling to say that the bag was in his hands. While on her way to work, his mother had spotted it on the top of a heap of garbage and had taken it to the local police box only (6) to find it closed. "(7) It looked too valuable to be there," she told her son when she took it

25　home.

"What, the garbage?" he asked.

"No, the bag," his mother replied. "It's a very nice one."

Daisuke Takakawa searched its contents, found a telephone number, and dialed it immediately.

30　That's when I (8) came into the picture. I met Daisuke Takakawa at Yoyogi Station and he handed the bag to me.

Tom's luck was that his bag had been spotted by a woman with a sharp eye for good things. His next bit of good fortune was that Daisuke spoke superb English and, having *ascertained that the bag

35　belonged to a foreigner, felt completely comfortable about phoning. Tom was lucky, too — very lucky — that the garbage truck had started its rounds a little (9) than usual that day.

Later, and finally home after several tiring classes, my friend Tom checked the contents of his bag. Sure enough, everything was

40　there — his watch, his wallet, his sunglasses, and his portable telephone.

*[注] ascertain：確かめる

■ 設問 ■

1．下線部(1)の内容として最も適切なものをイ〜ホの中から1つ選びなさい。
- イ．信じられないことに，トムがバッグを落としたこと。
- ロ．信じられないことに，タカカワ君が即座にトムに電話をかけてきたこと。
- ハ．信じられないことに，トムが代々木から吉祥寺まで自転車に乗って行ったこと。
- ニ．信じられないことに，落とし物が無事に届けられたこと。
- ホ．信じられないことに，タカカワ君の母親がバッグを見つけたこと。

2．空所(2)に入る最も適切な英語1語を書きなさい。

3．波線部(3)を日本語に訳しなさい。

4．下線部(4)の意味として最も適切なものをイ〜ホの中から1つ選びなさい。
- イ．元気づける
- ロ．からかう
- ハ．おだてる
- ニ．冷静にさせる
- ホ．なだめる

5．下線部(5)の意味として最も適切なものをイ〜ホの中から1つ選びなさい。
- イ．日本人はとても親切だ
- ロ．バッグはとても高価だ
- ハ．バッグはきっと戻ってくる
- ニ．日本人はすばらしい
- ホ．日本に住むことはすばらしい

6．下線部(6)と同じ用法で to が用いられているものを次のイ〜ホの中から1つ選びなさい。
- イ．John's hope is to have a shop of his own.
- ロ．This room is pleasant to work in.
- ハ．Mr. Johnson was kind to invite us for dinner.
- ニ．Mary is fortunate to have such a good husband.
- ホ．Nancy grew up to be a famous scholar.

7．下線部(7)の意味として最も適切なものをイ〜ホの中から1つ選びなさい。
- イ．ごみがたくさんあるので，そこをきれいにしなければならなかった。
- ロ．バッグが立派すぎて，ごみには見えなかった。
- ハ．交番はどっしりと立派にそこに立っていた。
- ニ．ごみがたくさんありすぎて，なかなか片づかなかった。
- ホ．バッグがそこにあるのを見つけたことは本当に運がよいことだった。

8. 下線部(8)の意味として最も適切なものをイ～ホの中から１つ選びなさい。
　　イ．テレビに映った　　　　　　　ロ．写真を見に来た　　　ハ．出番になった
　　ニ．写真を撮った　　　　　　　　ホ．映画を見に来た

9. 空所(9)に入る最も適切な英語１語を書きなさい。

10. 本文の内容と一致するものをイ～トの中から２つ選びなさい。
　　イ．トムはアメリカ出身の学生で英会話の先生でもある。
　　ロ．トムは途中でバッグを落としたことに，学校に着いてしばらくして気づいた。
　　ハ．タカカワ君は，２度電話をかけてきて，バッグが自分の手元にあると言った。
　　ニ．タカカワ君は，バッグが立派な品であることが一目でわかった。
　　ホ．幸いなことに，トムのバッグはよい品を見分ける眼を持つ女性によって拾われた。
　　ヘ．トムは授業で疲れていたので，バッグをタカカワ君に直接届けてもらった。
　　ト．戻ったトムのバッグの中身は，時計や財布その他すべてが無事だった。

■ 解答欄 ■

1		2		
3				
4		5		6
7		8		9
10				

大学入試

英語長文 ハイパー トレーニング

東進ハイスクール・東進衛星予備校講師
安河内哲也

レベル

標準編

桐原書店

本書は『大学入試　英語長文ハイパートレーニング　レベル2　センターレベル編』の
レベルの名称を『標準編』と改題し，音声オンライン提供版として刊行するものです。

はじめに

　大学入試の英語は何と言っても長文読解力で決まります。私立大・国立大，難関大，中堅大を問わず，英語入試問題の大部分は長文読解総合問題です。「長文」を制するものが入試英語を制す，と言っても過言ではないでしょう。

　この英語長文のシリーズは，「まじめに」「基礎から」「着実に」英文読解力を身につけたいすべての受験生の要望に応えるために，工夫の限りを尽くして作られました。

　「英文を読む」と言っても，英文読解はすべての技能を使った総合芸のようなものですから，残念ながら，「文法で読める」とか「単語で読める」とか「何かのテクニックで読める」というふうに，簡単に「何かをやればすぐできる」とは言い切れません。英文読解に必要な技能は，文法力・単語力・熟語力・速読力・大意把握力・設問解法と多岐にわたります。結局，これらをすべてバランスよく，ていねいにトレーニングするしかないのです。

　本書は，今までバラバラだった精読・速読・設問解法・単語・熟語・文法・構文・パラグラフリーディングが，レベル別にまとめて勉強できる画期的な問題集です。また，入試に必要ない専門的な知識の追求を廃し，すべての受験生が「使いやすく」「わかりやすく」「力がつく」作りになっています。

　例えばすべての英文に構造図解があり，すべての設問に解答の根拠が示されているため，学習後に疑問点が残りません。もちろん，単語・熟語は細かにリストアップされ，単語集・熟語集の機能も持たせてあります。さらに何度も音読を繰り返し，速読力を身につけるための「速読トレーニング」により，速く長文を読むトレーニングができるようになっています。

　英語はよく野球などのスポーツにたとえられますが，語彙力は筋力のようなもので，文法力はルールの理解のようなものです。筋力をつけたり，ルールを学ぶことで胸がワクワクすることはあまりありません。英文読解こそが一番大切な「試合」です。皆さんは今まさにバッターボックスに立ち，英文読解という最高に刺激的なゲームを始めるところなのです。

　本書を通じて，皆さんが胸躍る英語の世界の探求を思いっ切り楽しみ，将来，世界で通用する英語力の基礎を身につけてくれることを心から願います。

　また本書には，速読トレーニングのための音声が付録としてついています。ますます実用英語的に変化する大学入試に対応するスピードを身につけるために，大いにこの音声を利用してください。

安河内　哲也

もくじ

はじめに ……………………………………… 3
本書の利用法 ………………………………… 6
「私は音読をすすめます」 ………………… 10
センスグループの分け方 …………………… 12
英文精読記号システム ……………………… 14
本書で使用している記号について ………… 19

UNIT 1 ……………………………………… 20
●地球の環境について
　　　解答と解説…20
　　　徹底精読…23
　　　速読トレーニング…32

UNIT 2 ……………………………………… 34
●人類の進化の歴史
　　　解答と解説…34
　　　徹底精読…36
　　　速読トレーニング…44

UNIT 3 ……………………………………… 46
●日米の意見の述べ方の違い
　　　解答と解説…46
　　　徹底精読…49
　　　速読トレーニング…61

UNIT 4 ……………………………………… 64
●アメリカの自動車産業
　　　解答と解説…64
　　　徹底精読…67
　　　速読トレーニング…76

UNIT 5 ……………………………………… 78
●「悪いことは重なる」という話
　　　解答と解説…78
　　　徹底精読…82
　　　速読トレーニング…90

UNIT 6 ……………………………………… 92
●警察官の仕事
　　　解答と解説…92
　　　徹底精読…95
　　　速読トレーニング…104

UNIT 7 ·· 106
●俳優業とは?

　　　　解答と解説…106
　　　　徹底精読…109
　　　　速読トレーニング…118

UNIT 8 ·· 120
●点字の歴史

　　　　解答と解説…120
　　　　徹底精読…122
　　　　速読トレーニング…130

UNIT 9 (マーク式解答) ····························· 132
●詩人と科学者の知恵比べ

　　　　解答と解説…132
　　　　徹底精読…135
　　　　速読トレーニング…144

UNIT 10 ·· 146
●イギリス人の習慣

　　　　解答と解説…146
　　　　徹底精読…148
　　　　速読トレーニング…158

UNIT 11 (マーク式解答) ···························· 160
●もし私が独裁者になったなら

　　　　解答と解説…160
　　　　徹底精読…163
　　　　速読トレーニング…175

UNIT 12 ·· 178
●バッグをなくした外国人の話

　　　　解答と解説…178
　　　　徹底精読…181
　　　　速読トレーニング…192

音声の使い方 ···································· 194

問題英文と全訳 ································· 195

テーマ解説とリーディングガイド ·············· 220

出題校一覧 ······································ 222

本書を使った英文読解の勉強法

　本書は，レベル別に英文を学ぼうとする人のあらゆるニーズに応えるため，様々な工夫が施されています。精読中心・速読中心など使い方はいろいろですが，成績を伸ばすために最も効果的な本書の使用法を紹介します。

　解いて，答え合わせをするだけの無意味な学習から，将来も役に立つ"本物"の英文読解力が身につく学習へとやり方を変えてみましょう。

別冊

①問題にチャレンジ！

　目標時間をめやすに別冊の問題を解いてみる。その際にわからないものでも，わかった情報から推測して，最低解答欄だけはすべて埋める。訳は下線訳のみにとどめ，全文和訳はしないこと。

問題 ●●●●●●●●●●●●▶

UNIT 2

出題データ

●ワード数：321 words

●難易度：共通テストレベル

解答と解説：本冊 p.34〜45

●目標解答時間：25分

次の英文を読み，後の問いに答えなさい。

　Human beings are the highest product of evolution. Human intelligence is far superior to that of any other organism. In structure, the human body is closely related to (1) (　　　) of the chimpanzees, gorillas, orangutans, and *gibbons. But this does not mean that human beings evolved from any of these apes.

　From their study of *fossils, scientists think that ancient humans and apes had common ancestors millions of years ago. (a) Apes and humans evolved in different directions and became what today

解答欄 ●●●●●●●●●●
答えを書き込みましょう！ ▶

■解答欄■

1		2		3	
4		5			
6	(a)				
	(b)				
7	①	②	③	④	⑤

レベル構成

　このシリーズは，個人のレベルに合わせて長文読解の学習が始められるレベル別問題集です。各レベルの構成は次のようになっています。

シリーズのレベル	問題のレベル
レベル1 超基礎編	難関高校〜一般大学入試
レベル2 標準編	共通テスト〜中堅大学入試
レベル3 難関編	中堅大学〜難関大学入試

本冊

②設問解法を学ぼう！

　解答を見て赤ペンで答え合わせをする。本書の解答と解説を読んで，それぞれの選択肢や答えがどうして正解なのか，また不正解なのかをよく確認する。

UNIT 2

解答と解説
問題：別冊 p.6〜8

※この時点で満足して次の問題に進まないことが長文読解ができるようになるコツ。解いて答えを確認してすぐ次に進むだけでは「読解力」はまったく身につかない。

■ 解答 ■

1	④	2	①	3	③
4	③	5	③		

6	(a)	類人猿と人間は異なる方向で進化し，異なる生活様式に適合するようになった。
	(b)	確かに，彼らは道具の作り方や使い方を，彼らの子どもたちに教えることができたのだ。

7	① F	② T	③ F	④ F	⑤ F

◀ 解答

[解説]

1 この空所には人間の「体」と chimpanzees 以下の複数の類人猿の「体」を比較するために，本来は the bodies が入ると考えられるが，この文のように〈the＋複数名詞〉の反復を避ける場合は，代名詞の those が使われる。なお，〈the＋単数名詞〉の反復を避ける場合には that が使われる。

◀ 解説

2 空所の直後の them は fossils「化石」を指している。「人間の進化の歴史をさかのぼっての究明」というこの文の内容に最も適しているのは，①の dating。date には「年代[時期]を推定する」という意味がある。

◆選択肢の和訳
○① 時期を推定する　　×② 推測する　　×③ 知る　　×④ 記録する

◀ 選択肢の和訳

3 「道具」や「武器」を作ってどうなるのかを考えるとよい。② fighters「戦士」で迷うところだが，人間の進化の歴史の常識から考えると，人間は「狩猟・採集」の生活から「農耕・牧畜」生活へと移行し，進化したわけだから，「狩猟者」を表す③の hunters を選ぶのが常識上適当である。

◆選択肢の和訳
×① 農夫　　×② 戦士　　○③ 猟師　　×④ 演説者

本冊

③精読とテーマ読解を学ぼう！

　徹底精読のページでそれぞれの英文の読み方や文法のポイントをしっかりと学び，英文の構造のとらえ方を学ぶ。また，パラグラフごとの要旨を確認し，英文のテーマを把握する練習もする。精読記号（→ p.14）のついた英文をていねいに読み，英文の構造を瞬間的に見抜く訓練もする。知らない構文や単語・熟語はチェックした上でしっかりと文を読みながら暗記する。

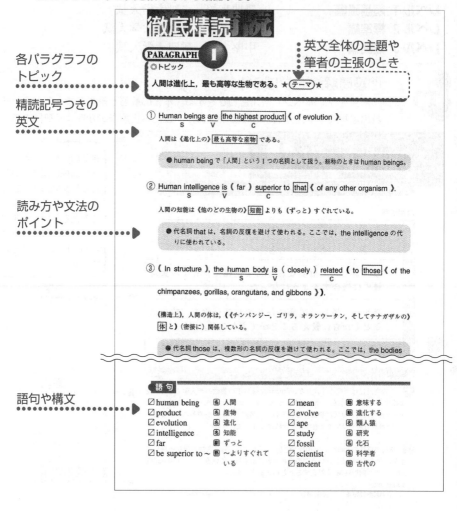

各パラグラフの
トピック

徹底精読

PARAGRAPH　**1**

◎トピック

英文全体の主題や
筆者の主張のとき

人間は進化上，最も高等な生物である。★ テーマ ★

精読記号つきの
英文

① Human beings are the highest product 《 of evolution 》.
　　　　S　　　V　　　　　C

人間は《進化上の》最も高等な産物である。

● human being で「人間」という１つの名詞として扱う。総称のときは human beings。

② Human intelligence is （ far ） superior to that 《 of any other organism 》.
　　　　S　　　　　V　　　　　　　　C

人間の知能は《他のどの生物の》知能よりも（ずっと）すぐれている。

読み方や文法の
ポイント

● 代名詞 that は，名詞の反復を避けて使われる。ここでは，the intelligence の代りに使われている。

③ （ In structure ）, the human body is （ closely ） related 《 to those 《 of the
　　　　　　　　　　　　　S　　　　　V　　　　　　　　C

chimpanzees, gorillas, orangutans, and gibbons 》）.

《構造上》，人間の体は，《《チンパンジー，ゴリラ，オランウータン，そしてテナガザルの》体》と（密接に）関係している。

● 代名詞 those は，複数形の名詞の反復を避けて使われる。ここでは，the bodies

語句や構文

語句

☑ human being	图 人間	☑ mean	動 意味する
☑ product	图 産物	☑ evolve	動 進化する
☑ evolution	图 進化	☑ ape	图 類人猿
☑ intelligence	图 知能	☑ study	图 研究
☑ far	副 ずっと	☑ fossil	图 化石
☑ be superior to ～	熟 ～よりすぐれている	☑ scientist	图 科学者
		☑ ancient	形 古代の

④音読で速く読む訓練をしよう！

「速読トレーニング」を使って，左から右へと英文を読む訓練をする。まず，英語→日本語，英語→日本語，というふうに "同時通訳風" の音読で，速度を上げていく。さらに日本語が必要なくなった段階で，英語のみを音読し，意味を理解する訓練をする。何度も繰り返すことが重要。

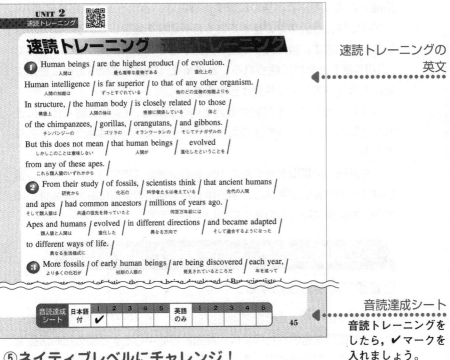

速読トレーニングの
英文

音読達成シート
音読トレーニングを
したら，✔マークを
入れましょう。

⑤ネイティブレベルにチャレンジ！

巻末の白文の問題英文を音読し，それと同時に明快に意味を把握することに何度もチャレンジする！ この段階で100パーセント英文が理解できることが本書の長文学習のゴールであり，ここまではすべてプロセスである。100パーセント英文がわかるようになるまで，ここまでのプロセスでつまずいた所まで戻ってしっかりと学習を続ける。

●以上，1つの長文をきちんと勉強してマスターするということは，皆さんが思っているよりも，ずっとずっと大変なことです。答えが合っていたとか，主語・述語がわかるとか，そのようなことを安易にゴールに設定してはなりません。常に英文の内容を音読する速度で，100パーセント完全に理解できることをゴールに学習を進めれば，皆さんの読解力は確実にアップします。1つの英文をマスターする過程では，その英文を数十回繰り返して読むことが言語の学習では絶対に必要です。

私は**音読**をすすめます。

　　日本人の英語学習者は諸外国の学習者と比較して，しばしば英語の運用能力が劣っていると言われます。理由はいろいろと考えられますが，その１つは，言語学習の基本である音読訓練を軽視しているためではないかと思います。特に大学受験の英語学習は「受験英語」という言葉で「実用英語」と分けて語られることが多く，特別な理屈の習得に終始するようなケースも多々見受けられます。

　　しかし，どんな大学受験の問題を解く際にも，「英語を速く正確にきちんと読む」という「普通の英語力」が一番大切なのは言うまでもありません。

　　英文読解力の基礎を築くための最高の訓練は「英文の音読」です。音読は文法や語彙の習得など，あらゆる言語能力の習得に威力を発揮しますが，特に英文読解力の育成において重要です。

英文読解の学習において音読が重要な理由

◎音読で脳が活性化する。

　　東北大学の川島隆太教授によるブレイン・イメージングの最新研究により，外国語を音読した際には，前頭前野を中心とする脳の知的活動をつかさどる領域が最高度に活性化するということが発見されました。

◎左から右へと考える習慣がつく。

　　全文和訳の作成を偏重するあまり，英語を日本語に「訳すこと」が「読むこと」であると勘違いしている人が多いのは残念な傾向です。日本語と英語は語順が逆ですから，きちんとした日本語に訳しながら読もうとすると，後ろから戻らざるを得ません。しかし，本来言語はその順番通りに読むものです。英語の後置修飾は，「後ろで説明」と考えます。音読をしながら後ろから戻ることはできないので，誤った右から左への流れを矯正することができます。

◎直読直解を可能にする。

　もちろんネイティブ・スピーカーは英語を日本語に訳しながら読むことはありません。そもそも外国語の習得とは，少しでもネイティブ・スピーカーの理解に近づくことですから，私たちも英語を読んで直接意味を頭に浮かべる練習をする必要があります。英語だけの音読をしながら日本語に訳すことはできませんから，英語を読みながら理解するということは，ネイティブ・スピーカーと同じプロセスで英語を読むということになります。

◎動作記憶と言語感覚が身につく。

　外国語の基礎能力の習得は，スポーツや楽器の演奏と大変似ています。これらにおいても外国語の習得においても，理屈の習得は大変重要ですが，それだけでは野球選手にもピアニストにもなれませんよね。「反復練習」こそが真の実力者を作ります。私の尊敬する大師匠でもあり，同時通訳の神様と呼ばれる國弘正雄先生は，「只管朗読（しかんろうどく）」という言葉で，何回も音読を繰り返し，言葉の理屈を体に刷り込むことの重要性を長い間唱えてこられました。この方法による学習が，外交や教育の分野の第一線で活躍する多くの英語の達人を生み出していることが，この学習法の効果を示す何よりの証明となるでしょう。

　「受験英語」と「実用英語」には，実際には何の区別もありません。センター試験や東大の入試をはじめとするほとんどの大学入試は，リスニングの導入からもわかるとおり，紛れもない実用英語の試験です。

　この本を手にした皆さんは，努力を軽視した安易な方法論の誘惑に負けることなく，将来も役に立つ英語力の習得を目指し，音読学習に励んでくださいね。

センスグループの分け方

　スラッシュなどで英文を区切る**センスグループの分け方**には，明確なルールがあるわけではありませんが，基本的には**2～5語ほどの「意味の固まり」でリズムよく分けていきます**。大切なのは，「切る」という作業が目標になってしまわないことです。皆さんの目標は「読んでわかる」ことであり，切り方ばかりに集中するあまり，読むのが遅くなってしまっては本末転倒です。最初はおおざっぱに切り分けてどんどん読んでいき，徐々に文法を意識した正確な切り方を覚えていきましょう。ここでは，センスグループを切り分ける際の**5つの大切なルール**を学習します。**例文を音読**しながら，**2～5語のリズムを体得**してください。

SVOCの要素で切る

　S, V, O, C は文の最も基本的な要素なので，これらはセンスグループを切り分ける際にも非常に重要なヒントとなります。1つの要素が4語や5語のような大きなものになる場合は，それを1つのセンスグループとするとよいでしょう。

He told me / **a very interesting story.**
　S　V　O　　/　　　　O
彼は私に語った　/　　とても興味深い話を

Mr. Thompson found / **an incredibly cheap restaurant.**
　　S　　V　　　/　　　　　O
トンプソン氏は見つけた　/　　とんでもなく安いレストランを

文頭の副詞句の後ろで切る

　文頭に副詞句や副詞節が置かれる場合は，それらの**副詞句や副詞節と主語の間では必ず切って**読み進みましょう。文頭で副詞句の働きをするものとしては**前置詞句**や**分詞構文**などが考えられます。

In case of emergency, / **you should stay calm.**
　　前置詞句　　　　/　　S　　V　　C
緊急事態には　　　　　　/　　平静を保つべきだ。

Seeing my face, / **she kindly smiled.**
　分詞構文　　　/　　S　　　V
私の顔を見て　　　/　　彼女は優しく微笑んだ。

長い主語の後ろで切る

　主語の直後に長い修飾部分が続く場合は，その**主部と述語動詞を切り分けて読**むことが重要です。通常**一拍おいて読まれ**，少々強い切れ目（//）となります。

The boy　/　singing a song　/　under the tree　//　is my brother.
　主語　　　　　　　＋分詞　　　　　　　＋副詞句　　　//　　　述部
少年は　　/　歌を歌っている　/　木の下で　　　//　私の弟だ。

The products　/　that they produced　//　had many defects.
　　主語　　　　　　　＋関係代名詞節　　　//　　　述部
　製品は　　/　彼らが生産した　　//　多くの欠陥があった。

前置詞や接続詞の前で切る

　前置詞や接続詞は直後に続く要素と結びついて固まりを作るため，多くの場合**その直前で切って読み**ます。前置詞とその目的語の間で切ることはまずありません。

He stayed　　　/　in the house　/　during the afternoon.
　S　V　　　　/　前置詞句　　/　前置詞句
彼はとどまった　/　家の中に　　/　午後の間は

I like him,　/　although everybody hates him.
　主節　　　　/　　　接続詞＋ S V（副詞節）
私は彼が好きだ　/　皆は彼を嫌っているけれども

カンマやセミコロンなどがある箇所で切る

　,（カンマ）は日本語の読点と似ていて，やはり**一拍おいて読む箇所**を示しています。当然カンマのある箇所では切って読んでいきます。—（ダッシュ）や;（セミコロン）などのマークの箇所でも切って読んでいきます。

He was born　/　　　in Beijing,　/　the capital of China.
　主文　　　　/　前置詞＋名詞＋カンマ /　　同格説明
彼は生まれた　/　　北京で　　/　中国の首都の

I took the medicine;　/　otherwise　/　I would have died.
　S VO ＋セミコロン　　/　副詞　　/　S　　　V
私は薬を飲んだ　　　/　さもなければ　/　私は死んでいただろう。

英文精読記号システム

　実際に英文読解の問題を解く前に，文の中で，どのようなものがどのような品詞の働きをするのかを知っておくと大変便利です。

　このシリーズでは，名詞の働きをするものは【　】，形容詞や同格の働きをするものは《　》，修飾・説明される名詞は□に囲まれています。副詞の働きをするものは（　）という記号を使って，英文の隅々まで疑問が残らないように学習できるシステムになっています。

　英文読解の学習を進めながら，この一覧を常に参照し，少しずつ英文の仕組みを覚えていくとよいでしょう。

　また，この一覧の英文を定期的に音読し，英文の構造把握が即座にできるようになる訓練をするのもよいでしょう。

　たったこれだけの記号を本書の英文と共に使いこなせるようになるだけで，基本的な英文の構造はしっかりと把握できるようになるはずです。

名詞の働きをするもの

◯動名詞

I like 【 watching baseball games 】.
私は【 野球を見ること 】が好きだ。

・・・

I am looking forward to 【 hearing from him 】.
私は【 彼から便りがあること 】を楽しみにしている。

・・・

◯不定詞の名詞的用法

【 To see 】 is 【 to believe 】.
【 見ること 】は【 信じること 】である。

・・・

It is hard 【 to master a foreign language 】.
【 外国語を習得すること 】は困難である。

・・・

◯疑問詞＋不定詞

She taught me 【 how to operate the machine 】.
彼女は私に【 その機械をどうやって操作するのか 】教えてくれた。

・・・

I don't know 【 what to do next 】.
私は【 次に何をすべきか 】わからない。

・・・

◯ that 節「SがVするということ」

I think 【 that he is right 】.
私は【 彼は正しい 】と思う。

. . . .

It is true 【 that he went to Hawaii 】.
【 彼がハワイに行ったということ 】は本当だ。

. . . .

◯ if 節「SがVするかどうか」

I don't know 【 if Cathy will come 】.
私は【 キャシーが来るかどうか 】わからない。

. . . .

The weather forecast tells us 【 if it will rain or not 】.
天気予報は【 雨が降るかどうか 】私たちに教えてくれる。

. . . .

◯ 疑問詞節

Do you know 【 where he lives 】?
あなたは【 彼がどこに住んでいるか 】知っていますか。

. . . .

◯ 関係代名詞の what 節

【 What impressed me most in Hawaii 】 was the beautiful sea.
【 ハワイで私を最も感動させたもの 】は美しい海だった。

. . . .

【 What he said 】 is true.
【 彼が言ったこと 】は本当だ。

. . . .

● 形容詞の働きをするもの

◯ 前置詞＋名詞

Look at the girl 《 in a white dress 》.
《 白い服を着た 》女の子を見てごらん。

The price 《 of this refrigerator 》 is too high.
《 この冷蔵庫の 》価格は高すぎる。

. . . .

◯ 不定詞の形容詞的用法

I have many friends 《 to help me 》.
私は 《 私を助けてくれる 》 たくさんの友人 がいる。

Will you please give me something cold 《 to drink 》?
《 飲むための 》 何か冷たいもの をくださいますか。

◯ 現在分詞

Look at the building 《 standing on that hill 》.
《 あの丘の上に建っている 》 建物 を見なさい。

Jim was irritated at the boys 《 making a loud noise 》.
ジムは 《 大きな音をたてている 》 少年たち にイライラした。

◯ 過去分詞

The language 《 spoken in New Zealand 》 is English.
《 ニュージーランドで話されている 》 言語 は英語だ。

The ambulance carried a child 《 hit by a truck 》.
救急車は 《 トラックにはねられた 》 子ども を運んだ。

◯ 関係代名詞節

He is the boy 《 who broke the window 》.
彼が 《 窓をこわした 》 少年 だ。

The book 《 which I bought yesterday 》 is interesting.
《 私が昨日買った 》 本 はおもしろい。

Look at the house 《 whose roof is red 》.
《 屋根が赤い 》 家 を見なさい。

◯ 関係副詞節

I don't know the time 《 when the train will leave 》.
私は 《 電車が出発する 》 時刻 を知らない。

Los Angeles is the city 《 where I want to live 》.
ロサンゼルスは 《 私が住みたい 》 町 だ。

16

同格の働きをするもの

同格の that 節

There is |some hope| 〈 that he will recover 〉.
〈 彼が回復するという 〉|いくぶんの希望| がある。

He concealed |the fact| 〈 that he had divorced his wife 〉.
彼は 〈 彼が妻と離婚していたという 〉 |事実| を隠した。

カンマによる同格補足

We visited |Beijing| , 〈 the capital of China 〉.
私たちは 〈 中国の首都である 〉|北京| を訪れた。

I met |David| , 〈 an old friend of mine 〉 yesterday.
私は昨日, 〈 私の旧友の 〉|デイビッド| に会った。

副詞の働きをするもの

前置詞＋名詞

The sun rises (in the east).
太陽は (東から) 昇る。

He went to Moscow (on business).
彼は (仕事で) モスクワへ行った。

分詞構文（Ving）

(Hearing the news), she turned pale.
（そのニュースを聞いて）, 彼女は青ざめた。

(Having lived in Tokyo), I know the city well.
（東京に住んだことがあるので）, 東京のことはよくわかっている。

受動分詞構文（Vpp）

(Seen from the sky), the islands look really beautiful.
（空から見ると）, 島々は本当に美しく見える。

◯（ Compared with his brother ）, he is not so humorous.
（ 弟と比較された場合 ），彼はあまりおもしろくない。

- -

◯ 従属接続詞＋S V

（ Although he is against me ）, I won't change my plan.
（ 彼は私に反対だけれども ），私は計画を変えない。

- -

I went to bed early （ because I was tired ）.
（ 私は疲れていたので ）早く寝た。

- -

◯ 不定詞の副詞的用法

I am very glad （ to hear the news ）.
私は （ その知らせを聞いて ）とてもうれしい。

- -

（ To meet my father ）, I went to the city.
（ 父に会うために），私はその町へ行った。

- -

●本書で使用している記号について

このシリーズでは皆さんが効率よく学習を進められるように，統一した記号を使用しています。次の記号を前もって理解しておくことで,スムーズな学習ができます。

主文[主節]の構造：　　　S＝主語　　V＝動詞　　O＝目的語　　C＝補語
主文[主節]以外の構造：S´＝主語　　V´＝動詞　　O´＝目的語　　C´＝補語

Vp＝動詞の過去形　　　Vpp＝動詞の過去分詞形　　　to V＝to不定詞

Ving＝現在分詞または動名詞

～＝名詞　　　　　　.../…＝形容詞または副詞　　...../……＝その他の要素

①, ②, ③……＝並列の要素　　　　A, B＝構文などで対になる要素

❶：パラグラフ番号　　（　）：省略可能　　　　　　　[　]:言い換え可能

【　】→ 名詞の働きをするもの（名詞，名詞句，名詞節）

〈　〉→ 形容詞の働きをするもの（形容詞，形容詞句，形容詞節）

（　）→ 副詞の働きをするもの（副詞，副詞句，副詞節）

□〈　〉→形容詞の働きをするものが，後ろから名詞を修飾

名＝名詞　　　動＝動詞　　　形＝形容詞　　　副＝副詞　　　前＝前置詞

代＝代名詞　　接＝接続詞　　助＝助動詞　　　熟＝熟語　　　構＝構文

＊名詞に後続する同格節［句］は本来名詞の働きをするものですが，本書では英文を理解しやすくするために，あえて〈　〉記号にしてあります。

＊精読解説の〈　〉や（　）記号の色や太さは，英文と和文の対応を示しています。

＊従節の構造の記号は原則としてダッシュ1つで統一していますが，従節が複数あり紛らわしい場合は，理解しやすくするために，部分的にダッシュを2つつけている箇所もあります。

●英語の文型について

本書では，各英文の主節，主文にはSVOC，それ以外にはS´V´O´C´の文型記号が付されています。学習にこれらの記号を活かすため，あらかじめ英語の5文型を理解しておくと便利です。

第1文型	主　語　＋	自動詞（＋修飾部分）		
	S	**V**		
第2文型	主　語　＋	be動詞類　＋	補　語　（＋修飾部分）	
	S	**V**	**C**	
第3文型	主　語　＋	他動詞　＋	目的語（＋修飾部分）	
	S	**V**	**O**	
第4文型	主　語　＋	他動詞　＋	目的語　＋	目的語
	S	**V**	**O**	**O**
第5文型	主　語　＋	他動詞　＋	目的語　＋	補　語
	S	**V**	**O**	**C**

＊S＝名詞，代名詞　　V＝動詞　　O＝名詞，代名詞　　C＝名詞，代名詞，形容詞

UNIT 1

解答と解説

問題：別冊 p.2～5

■ 解答 ■

1	(エ) ④		(キ) ④	
2	(イ) ④	(ウ) ②	(カ) ④	
	(ケ) ③	(シ) ②		
3	②	4	3番目 ③	5番目 ④
5	2番目 ⑤	4番目 ①	6	②
7	同様に，各部品とそれらの間の関係を知ることができるようになってはじめて，私たちは私たちの地球がどのように動くのかを理解できる。			
8	③			

[解説]

1 空所の前後の意味に注意して，適切なものを選ぶ。

(エ) to this (very) day で「今日に至るまで」という意味のイディオム。to は「～まで」という方向や到達点を表す前置詞。

(キ) on time で「時間通りに」という意味のイディオム。選択肢にはないが，in time だと「間に合って」「やがて」という意味になる。

2 空所の前後の意味に注意して，適切なものを選ぶ。

(イ) 時計の機能の正確さを述べている箇所なので，「適切に」という意味の properly が最も文意に適している。

◆選択肢の和訳
×① 偶然に
×② 直接的に
×③ 正常に
○④ 適切に

20

（ウ）　時計と地球を比較して，その類似点を述べている箇所なので，「同様に」
　　　という意味の likewise が最も文意に適している。

◆選択肢の和訳
　　×① しばしば
　　○② 同様に
　　×③ 別の方法で
　　×④ 適度に

（カ）　run down は時計などの機械が「故障して止まる」という意味のイディオ
　　　ム。

◆選択肢の和訳
　　（以下，down を含めた意味で）
　　×① 落ちる
　　×② 下がる
　　×③ 下げる
　　○④ 動かなくなる

（ケ）　at all は if 節の中で使われると「そもそも［少しでも］(……するにしても)」
　　　という意味になる。not ..... at all というように否定文で使われる場合は「ま
　　　ったく［少しも］……ない」という意味になる。

◆選択肢の和訳
　　×① ついに
　　×② せいぜい
　　○③ 少しでも
　　×④ そのままで

（シ）　直前の文では，地球にはまだ未知の部分が多いということが論じられて
　　　いる。これに対してこの文は，「既知の」部分の関係もまだ解明されていな
　　　いということを論じている。「既知の」という意味の単語は known。

◆選択肢の和訳
　　×① 完成した
　　○② 既知の
　　×③ 未完成の
　　×④ 未知の

3　〈比較級＋than any other＋名詞〉は「他のどんな～よりも…」という意味の
　　比較の重要表現。名詞の部分には普通，単数形が置かれる。

4 正解文：There's nothing accidental about the mechanism of a watch.
〈there is something＋形容詞＋about ～〉は，「～には何か…なところがある」
という意味の重要構文。この文は nothing を使った否定文になっている。

5 正解文：both of which are at work
〈先行詞＋数量を表す代名詞＋of＋which[whom]〉は，先行詞の数や量を限定
して直後で説明する場合に使う関係詞の構文。非制限用法で使われる。

6 ①の文では「道筋」，②の文では「点，面」，③の文では「方法」，④の文で
は「方向」という意味で使われている。本文では「点，面」の意味で使われて
いるので，②が正解。

◆選択肢の和訳
×① 駅までの道を知っていますか。
○② いくつかの点では，それはきわめてよい考えだが，費用がかかりすぎるので不可能である。
×③ その問題を解く方法はたくさんある。
×④ ここから見て図書館はどの方向ですか。

7 in ..... way は「……な方法で」という意味の重要表現。in the same way で
「同様に」と訳せばよい。how Ｓ Ｖ は「どのようにＳがＶするか」「ＳがＶす
る方法」という意味の名詞節を作り，この文では understand の目的語となって
いる。only が副詞句の前に置かれると，この文のように，しばしば「……にな
ってはじめて，ようやく」という意味になる。get to Ｖ は「Ｖするようになる」
という意味。the parts と the relationships が and という接続詞で並べられてい
ることにも注意。

8 本文の内容と一致する箇所，また一致しない箇所は次のとおり。
○ ① 文全体の主張と合致している。
○ ② 第1～第2パラグラフの内容と合致している。
× ③ 第3パラグラフでは地球は「止まることがない」と述べられており，こ
の選択肢はこれに反した内容となっている。
○ ④ 第4～第5パラグラフの内容から示唆されている。
○ ⑤ 第5パラグラフの内容と合致する。

◆選択肢の和訳
○① 地球は一体となって動く無数の部分で成り立っている複雑な機械である。
○② 地球の様々な部分はすべて地球が今日の状態であり続けるために必要である。
×③ 時計とは違って，地球はゆっくりとその終わりに近づいている。
○④ 私たちは地球の異なる部分がどのように互いに影響し合っているのかを学ぶ必要がある。
○⑤ 複雑な部分が多いので，地球がどのようにして動くのかを理解するのは難しい。

徹底精読

◎トピック

地球の様々な部分は相互に関係している。➡ 時計へのたとえ。★ テーマ ★

① Why is our earth the kind 《 of planet 》《 it is 》?
　　　V　S　　　　C　　　　　　　　　　S′V′

関係代名詞 that が省略

なぜ私たちの地球は《現在のような》《惑星の》 形態 なのだろうか。

- the kind of planet の直後には関係代名詞の that が省略されている。肯定文にすると Our earth is the kind of planet (that) it is.
- it は our earth を指している。

② Not only because it is full 《 of a number of things 》.
　　　　　　　　　　　S V　C

地球は《多くのもので》満ちているからだけではない。

- not only は後に出てくる but also と共に使われていて, not only A but also B で「A ばかりでなく B も」という意味になる。

③ Not only because some parts are more full 《 of things 》(than others).
　　　　　　　　　　　S　　V　　　C

いくつかの部分は（他の部分よりも）もっと多くの《もので》満ちているからだけではない。

- others は「他のもの」という意味の代名詞で、ここでは other parts のこと。

④ But also because the things 《 in it 》are related.
　　　　　　　　　　　S　　　　V　C

《地球にある》 もの は関連しているからでもある。

- it という代名詞は our earth を指している。

語句

☐ not only A 　㯨 A ばかりでなく　　☐ related　　㊒ 関連のある
　but also B　　　B も

23

⑤ <u>The earth</u> <u>is</u> like a watch.
   S   V

地球は時計に似ている。

> ● like は前置詞で，「～に似た」という意味で使われている。

⑥ There's <u>nothing accidental</u> about 〔the mechanism〕 《 of a watch 》.
     V   S

《時計の》〔構造〕には，偶然生じたものは何もない。

> ● 〈there is something＋形容詞＋about ～〉は「～には何か…なところがある」という意味の重要構文。ここは nothing を使った否定の形になっている。

⑦ <u>Each part</u> <u>is</u> <u>a working part</u> and <u>each</u> <u>is</u> 〔 absolutely 〕 <u>necessary</u> (to make
   S   V   C   S   V   C

the watch go).

それぞれの部品は機能している部品であり，それぞれが（時計を動かすために）《絶対に》必要である。

> ● and の後の each は「それぞれ」という意味の代名詞で，ここでは each part のこと。
> ● この文での go は時計が「作動する」という意味で使われている。

⑧ 〔 Furthermore 〕, <u>the watch</u> <u>can go</u> (only when <u>each part</u> <u>is</u> 〔 properly 〕
                         S   V   S′   V′

<u>connected</u> 〔 with other parts 〕).

《その上》，時計は（それぞれの部品が《他の部品と》（適切に）連結されてはじめて）作動できる。

> ● only when S V は「S が V してはじめて」という意味の接続詞表現。

PARAGRAPH 2

◎トピック

地球のそれぞれの部分がうまく機能している。

⑨ All the parts 《 of the earth 》 are (likewise) working parts, and are
    S   V①   C①   V②
necessary (to make it "go.")
C②

《地球の》すべての部分 は《同様に》機能している部品であり，（地球を「動かす」ために）
必要である。

● and という接続詞により，2つの are という be 動詞が並べて使われている。

⑩ Consider physical features 《 such as the Grand Canyon of the Colorado
    V   O

River and Mt. Fuji, (in Japan) 》.

《コロラド川のグランドキャニオンや（日本の）富士山のような》地形的特徴 を考えなさい。

● such as は，直前の名詞の具体例を示して使われている。

語 句

☐ like	前 〜に似た	☐ go	動 作動する
☐ nothing	代 何も……ない	☐ furthermore	副 その上
☐ accidental	形 偶然の	☐ only when	構 S が V して
☐ mechanism	名 構造	S V	はじめて
☐ each	形 それぞれの	☐ properly	副 適切に
	代 それぞれ	☐ connect A with B	熟 A を B と連結する
☐ working	形 機能している	☐ likewise	副 同様に
☐ absolutely	副 絶対に	☐ consider	動 考える
☐ necessary	形 必要な	☐ physical	名 地形的特徴
☐ make 〜 V	動 〜に V させる	feature	
（原形不定詞）		☐ such as 〜	熟 〜のような

⑪ They are the result ⟪ of relationships ⟨ between the land, the water, and
  S V   C

the air ⟩⟫.

それらは《〈陸地と水と空気の間の〉関係 がもたらした》結果 である。

● of や between という前置詞が作る句が共に形容詞の働きをし，直前の名詞を修飾
している。

⑫ These relationships started 〖 millions of years ago 〗 and have continued
      S   V①   V②

〖 to this very day 〗.

これらの関係は《何百万年も前に》始まり，（まさに今日まで）続いている。

● very は名詞の直前で形容詞として使われた場合には「まさにその〜」という意味に
なる。

PARAGRAPH 3

◎トピック

地球に関する様々な動きは精密である。

⑬ There's another way ⟪ in which the earth resembles a watch ⟫.
   V   S   S′   V′   O′

《地球が時計に似ている》別の点 がある。

● way「点，方法」という先行詞に続く場合，関係詞は in which や that を使う。

26

⑭ It's a precision instrument.
　SV　　　　　　C

それは精密機器である。

> ● It という代名詞は the earth を指している。

⑮ 〈 Unlike a watch 〉, it shows no |sign| 《 of running down or stopping 》.
　　　　　　　　　　S　 V　　　 O

《時計とは違って》，それは，《動かなくなったり止まるという》何の |兆候| も示さない。

> ● unlike は「〜と違って」という意味の前置詞。
> ● it という代名詞は the earth を指している。
> ● 〈no＋名詞〉で「まったく〜ない」という意味を表す。

⑯ "Seed time and harvest, and cold and heat, and summer and winter, and day
　　　　S①　　　　　　　　　S②　　　　　　　　S③

and night" continue to arrive, 〈 on time 〉.
　S④　　　　V　　 to arrive, 　　 O

「種まきの時期と収穫期，寒さと暑さ，夏と冬，そして昼と夜」は《決まったときに》来続
ける。

> ● Seed time and harvest や summer and winter などは 2 つの名詞がセットで
> 1 つの名詞のように扱われ，主語の位置に並んでいる。

● 語 句

☐ result	名 結果	☐ unlike 〜	前 〜とは違って
☐ relationship	名 関係	☐ sign	名 兆候
☐ millions of 〜	熟 何百万という〜	☐ run down	熟 （時計などが）
☐ continue	動 続く		動かなくなる
☐ very	形 まさにその	☐ seed time	名 種まきの時期
☐ way	名 点，箇所	☐ harvest	名 収穫期
☐ resemble	動 似ている	☐ arrive	動 到着する
☐ precision instrument	名 精密機器	☐ on time	熟 時間通りに

◎トピック

地球を理解するためには，各部分の働きとその相互関係を理解する必要がある。

⑰ How do <u>we</u> <u>understand</u> 【 how a watch works 】?
      S V   S'   V'

【時計がどのように動くのか】を私たちはどのように理解するのだろうか。

> ● how S V は「どのように S が V するのか」，「S が V する方法」という意味の重要構文。the way S V と言うこともできる。

⑱ 《 Only by 【 knowing 【 <u>what use</u> each spring, gear, and wheel <u>serves</u> 】, and
 └─ We understand it が省略 疑問詞句   S'   V'

【 how the parts hang together 】 】.》

《《【それぞれのバネ，歯車，大歯車が役立っているのはどのような用途か】，そして【その部品がどのようにくっついているのか】を知ること】によってのみ》理解できるのだ。

> ● 文頭に We understand it という主文が省略されていると考えるとよい。
> ● use は名詞で「用途」という意味。「どのような」という意味の what と結びついて「どのような用途」という意味の疑問詞句を作っている。
> ● 疑問詞の直後に節を置いて，名詞節を作ることができる。

⑲ 《 In the same way 》, <u>we</u> <u>can understand</u> 【 how our world works 】 《 only by
          S   V   S'   V'

getting to know the parts and the relationships 《 between them 》 》.

《同様に》，《各部品と《それらの間の》関係を知ることができるようになってはじめて》，私たちは【私たちの地球がどのように動くのか】を理解できる。

> ● 副詞句の直前に only を置くと「……になってはじめて」という意味になることがある。
> ● the parts と the relationships が and という接続詞で並べられている。

PARAGRAPH 5

◎トピック

未知の部分を解明することは困難である。

⑳ This, **（** however **）**, is not easy, **（** even if it could be done **（** at all **）** ）.
 S   V   C   S′   V′

（しながら**）**，**（**たとえそれが**（**少しでも**）**できるとしても），これは簡単なことではない。

- this は「地球の様々な部分や相関関係を知ること」という直前の部分を指している代名詞。
- if 節の中で at all が使われると「そもそも」「少しでも」という意味になる。

㉑ For there are far more working parts **（** to the earth **）** **（** than to a watch or
            V   S

any other precision instrument **）**.

というのは，**（**地球に対して**）**機能している部品は，**（**時計や他のどんな精密機器よりも**）**はるかにたくさんあるからだ。

- more は many の比較級。直前の far という副詞は「はるかに」という意味で，比較級を強調する働きをしている。

● 語 句

☐ how S V	構 どのように S が V するのか，S が V する方法	☐ in the same way	熟 同様に
☐ use	名 用途	☐ get to	熟 .....できる[する]ようになる
☐ spring	名 バネ	☐ however	接 しかしながら
☐ gear	名 歯車	☐ even if S V	熟 たとえ S が V だとしても
☐ wheel	名 大歯車		
☐ serve	動 役立つ	☐ at all	熟 少しでも
☐ hang together	熟 くっつく	☐ for	接 というのは.....だから
		☐ far	副 はるかに

㉒ Nobody 《 yet 》 knows （ exactly ） **[** how many working parts there are **]**.
   S   V   O   S′   V′

【機能している部品がいくつあるのか】を（まだ）だれも（正確には）知らない。

● how many working parts の部分は 1 つの疑問詞の働きをしている句で，直後に節を伴い名詞節を作っている。

㉓ 《 After all 》, some parts 《 of the world 》 are 《 still 》 （ barely ） known.
                    S   V

《結局》，《地球の》いくつかの部品 が（いまだに）（かろうじて）知られている程度だ。

● barely は「かろうじて……である」という意味で，肯定的な意味を持つ。

㉔ Large areas 《 of Antarctica 》 remain unexplored.
     S   V   C

《南極大陸の》広い範囲 は，未調査のままである。

● remain C は「C のままである」という意味で第 2 文型を作る。

㉕ So are large areas 《 of the atmosphere and the oceans 》, 《 both of
    V   S   S

which are at work （ all the time ） （ cooling and warming ）, （ drying and
    V   C

moistening ） the land surfaces 《 of the earth 》》.

《大気と大洋 の》広い範囲 もまたそうであり，《その両方とも（ずっと），〈地球の〉地表
を（冷やしたり暖めたり），（乾かしたり湿らせたりして）活動している》。

● 〈so＋be 動詞＋主語〉は「～もまたそうである」という意味の重要構文。
● この文の both of which のような，先行詞に続く〈数量を表す代名詞＋of＋which [whom]〉は，先行詞の数を限定し，説明する場合に使われる。また直前にカンマを打つ非制限用法で使用される。

㉖（ Then again ）, ‖some of the relationships‖ 《 between the known working

　　　　　　　　　　　　　 S

parts 》‿are not（ fully ）understood.

　　　　　　 V

《さらにまた》,《既知の機能している部品の間にある》関係のいくつか は,（完全には）理

解されていない。

● then again は文頭に置かれ,「さらにまた」という意味で使われる。

●語句

☐ yet	副	（否定文で）まだ	☐ atmosphere	名	大気
☐ exactly	副	正確に	☐ ocean	名	大洋
☐ after all	熟	結局	☐ at work	熟	活動中で
☐ still	副	いまだに	☐ all the time	熟	ずっと
☐ barely	副	かろうじて	☐ moisten	動	湿らせる
		（……である）	☐ surface	名	表面
☐ Antarctica	名	南極大陸	☐ then again	副	さらにまた
☐ remain	動	……のままでいる	☐ fully	副	完全に
☐ unexplored	形	未調査の			
☐ so＋be 動詞 ＋主語	構	～もまたそう である			

31

速読トレーニング

① Why is our earth / the kind of planet it is? / Not only because
なぜ私たちの地球は　　現在のような惑星の形態なのだろうか　　からだけではない

it is full / of a number of things. / Not only because / some parts
地球は満ちている　　多くのもので　　からだけではない　　いくつかの部分は

are more full / of things / than others. / But also because / the things in it
もっと満ちている　　もので　　他の部分よりも　　からでもある　　地球にあるものは

are related. / The earth / is like a watch. / There's nothing accidental
関連している　　地球は　　時計に似ている　　偶然に生じたものは何もない

about the mechanism of a watch. / Each part / is a working part
時計の構造には　　それぞれの部品は　　機能している部品である

and each is absolutely necessary / to make the watch go. / Furthermore,
そしてそれぞれが絶対に必要である　　時計を動かすために　　その上

the watch can go / only when each part / is properly connected
時計は作動できる　　それぞれの部品が　　適切に連結されてはじめて

with other parts. /
他の部品と

② All the parts of the earth / are likewise working parts,
地球のすべての部分は　　同様に機能している部品である

and are necessary / to make it "go." / Consider physical features
そして必要である　　地球を「動かす」ために　　地形的特徴を考えなさい

such as the Grand Canyon / of the Colorado River / and Mt. Fuji,
グランドキャニオンのような　　コロラド川の　　そして富士山の

in Japan. / They are the result / of relationships / between the land,
日本の　　それらは結果である　　関係がもたらした　　陸地と

the water, / and the air. / These relationships / started
水と　　空気との間の　　これらの関係は　　始まった

millions of years ago / and have continued / to this very day.
何百万年も前に　　そして続いている　　まさに今日まで

③ There's another way / in which the earth / resembles a watch.
別の点がある　　地球が　　時計に似ている

It's a precision instrument. / Unlike a watch, / it shows no sign
それは精密機器である　　時計とは違って　　それは何の兆候も示さない

of running down / or stopping. / "Seed time and harvest, / and cold and heat,
動かなくなったり　　止まるという　　「種まきの時期と収穫期　　寒さと暑さ

and summer and winter, / and day and night" / continue to arrive,
夏と冬　　そして昼と夜」は　　来続ける

on time. /
決まったときに

④ How do we understand / how a watch works? / Only by knowing
私たちはどのように理解するのだろうか / 時計がどのように動くのかを / 知ることによってのみ(理解できるのだ)

what use / each spring, gear, and wheel serves, / and how the parts
どのような用途か / それぞれのバネ，歯車，大歯車が役立っているのは / そしてその部品がどのように

hang together. / In the same way, / we can understand
くっついているのかを / 同様に / 私たちは理解できる

how our world works / only by getting to know / the parts
私たちの地球がどのように動くのかを / 知ることができるようになってはじめて / 各部品

and the relationships between them. /
とそれらの間の関係を

⑤ This, / however, / is not easy, / even if it could be done at all. / For
これは / しかしながら / 簡単なことではない / たとえそれが少しでもできるとしても / というのは

there are / far more working parts / to the earth / than to a watch
あるからだ / 機能している部品ははるかにたくさん / 地球に対して / 時計よりも

or any other precision instrument. / Nobody yet knows exactly
あるいは他のどんな精密機器よりも / まだだれも正確には知らない

how many working parts there are. / After all, / some parts of the world
機能している部品がいくつあるのかを / 結局 / 地球のいくつかの部品が

are still barely known. / Large areas of Antarctica / remain unexplored.
いまだにかろうじて知られている程度だ / 南極大陸の広い範囲は / 未調査のままである

So are large areas / of the atmosphere and the oceans,
広い範囲もまたそうである / 大気と大洋の

both of which are at work / all the time / cooling and warming,
両方とも活動している / ずっと / 冷やしたり暖めたり

drying and moistening / the land surfaces / of the earth. / Then again,
乾かしたり湿らせたりして / 地表を / 地球の / さらにまた

some of the relationships / between the known working parts
関係のいくつかは / 既知の機能している部品の間にある

are not fully understood.
完全には理解されていない

音読達成シート	日本語付	1	2	3	4	5	英語のみ	1	2	3	4	5

UNIT 2

解答と解説

■ 解答 ■

1	④		2	①		3	③
4	③		5	③			

6	(a)	類人猿と人間は異なる方向で進化し，異なる生活様式に適合するようになった。
	(b)	確かに，彼らは道具の作り方や使い方を，彼らの子どもたちに教えることができたのだ。

7	① F	② T	③ F	④ F	⑤ F

[解説]

1 この空所には人間の「体」と chimpanzees 以下の複数の類人猿の「体」を比較するために，本来は the bodies が入ると考えられるが，この文のように〈the＋複数名詞〉の反復を避ける場合は，代名詞の those が使われる。なお，〈the＋単数名詞〉の反復を避ける場合には that が使われる。

2 空所の直後の them は fossils「化石」を指している。「人間の進化の歴史をさかのぼっての究明」というこの文の内容に最も適しているのは，①の dating。date には「年代[時期]を推定する」という意味がある。

◆選択肢の和訳
○① 時期を推定する　　×② 推測する　　×③ 知る　　×④ 記録する

3 「道具」や「武器」を作ってどうなるのかを考えるとよい。② fighters「戦士」で迷うところだが，人間の進化の歴史の常識から考えると，人間は「狩猟・採集」の生活から「農耕・牧畜」生活へと移行し，進化したわけだから，「狩猟者」を表す③の hunters を選ぶのが常識上適当である。

◆選択肢の和訳
×① 農夫　　　　×② 戦士　　　　○③ 猟師　　　　×④ 演説者

34

4 このパラグラフでは，人間が現在の体型を獲得した後のことが書かれている。ということは，今の人間と違いはないはずだから，同じ服装をしていたら「気がつかない」はずである。この文全体は仮定法で書かれている。

◆選択肢の和訳
- ×① あなたは彼らを見逃さないだろう
- ×② あなたは彼らとすれちがわないだろう
- ○③ あなたは彼らに気づかないだろう
- ×④ あなたは彼らを失望させないだろう

5 空所の直前の「自分たちの歴史を記録し始めた」という文との整合性を考えて選択肢を判別する。①は本文の内容から飛躍しすぎている。②，④は否定になっているので，直前の文と逆の内容となってしまう。

◆選択肢の和訳
- ×① 彼らは自分たちの進化の歴史から学ぶことによって，どんな大災害も切り抜けることができる最後で唯一の生き物である。
- ×② 彼らは自分たちの進化の歴史を記録することができる最初で唯一の生き物にはならないだろう。
- ○③ 彼らは自分たちの進化の歴史を探求する最初で唯一の生き物である。
- ×④ 彼らは自分たちの進化の歴史を探求していない最後で唯一の生き物だろう。

6 文の構造や表現に注意して和訳する。

(a) and という接続詞が，Apes and humans を主語とする evolved と became という2つの動詞を並べる働きをしている。in ... direction は「…な方向に」という意味の重要表現。ways of life は「生活様式」と訳せばよい。

(b) no doubt は「確かに」という意味の重要表現。they は prehistoric people を指している。特に指示はないので，「彼ら」と訳しても「先史時代の人々」と訳してもよい。show A B は「A に B を教える」という意味。how to V「V する方法」という B の部分に置かれる表現が and で並べられている。

7 本文の内容との一致(T)，不一致(F)の理由は次のとおり。

F ① 第2パラグラフに「類人猿と人間は異なった方向に進化した」と書いてあるので，これに反する。

T ② 第2パラグラフの内容と合致する。

F ③ 第4パラグラフには「子どもたちに使い方を教えることができた」と書いてあるので，この内容に反している。

F ④ 第6パラグラフには「生存競争力欠如」のためにネアンデルタール人は滅びたと書いてある。「同じ方法で進化をしなかったこと」が絶滅の唯一の原因というわけではない。

F ⑤ 第5パラグラフに「お互いに話すことを学んだ」とは書いてあるが，言葉で意思疎通ができるまでの年数については言及がない。第6パラグラフに登場する「10万年」は，人間が現在の体型を有するようになった期間。

PARAGRAPH 1

◎トピック

人間は進化上，最も高等な生物である。★ テーマ ★

---

① <u>Human beings</u> <u>are</u> <u>the highest product</u> 《 of evolution 》.
　　S　　　　V　　　　　　C

人間は《進化上の》 最も高等な産物 である。

> ● human being で「人間」という 1 つの名詞として扱う。総称のときは human beings。

---

② <u>Human intelligence</u> <u>is</u> （ far ） <u>superior</u> to that 《 of any other organism 》.
　　　S　　　　　V　　　　　　C

人間の知能は《他のどの生物の》 知能 よりも（ずっと）すぐれている。

> ● 代名詞 that は，名詞の反復を避けて使われる。ここでは，the intelligence の代りに使われている。

---

③ （ In structure ）, <u>the human body</u> <u>is</u> （ closely ） <u>related</u> （ to those 《 of the
　　　　　　　　　　　S　　　　　V　　　　　　　C

chimpanzees, gorillas, orangutans, and gibbons 》）.

《構造上》，人間の体は，（《チンパンジー，ゴリラ，オランウータン，そしてテナガザルの》 体 と）（密接に）関係している。

> ● 代名詞 those は，複数形の名詞の反復を避けて使われる。ここでは，the bodies の代りに使われている。

　　　　　　　　　　　　　　　　　接続詞
④ But <u>this</u> <u>does not mean</u> 【 that human beings evolved （ from any 《 of these
　　　S　　　V　　　　　　O　　　　　　S′　　　　　V′

apes 》）】.

しかしこのことは，【人間が（《これら類人猿の》 いずれか から）進化したということ】を意味するのではない。

PARAGRAPH 2

◎トピック

人間と類人猿は同じ祖先から別々に進化した。

⑤ (From their study 《 of fossils 》), scientists think 【(that) ancient humans
S V O S'

and apes had common ancestors (millions of years ago)】.
V' O'

(《化石の》研究 から), 科学者たちは【古代の人間と類人猿は（何百万年も前には）共通の祖先を持っていた】と考えている。

● that S V の形で「S が V するということ」という意味の名詞節を作っている。

⑥ Apes and humans evolved (in different directions) and became adapted
S V① V② C

(to different ways of life).

類人猿と人間は《異なる方向で》進化し，（異なる生活様式に）適合するようになった。

● 接続詞 and によって，2 つの動詞 evolved と became が並べて使われている。

● 語 句

human being	名 人間	mean	動 意味する
product	名 産物	evolve	動 進化する
evolution	名 進化	ape	名 類人猿
intelligence	名 知能	study	名 研究
far	副 ずっと	fossil	名 化石
be superior to ～	熟 ～よりすぐれている	scientist	名 科学者
		ancient	形 古代の
organism	名 生物	common	形 共通の
structure	名 構造	ancestor	名 祖先
closely	副 密接に	direction	名 方向
be related to ～	熟 ～と関係がある	adapt	動 適合する
orangutan	名 オランウータン	way of life	熟 生活様式
gibbon	名 テナガザル		

◎トピック

化石の発見・検証にもかかわらず，人類の進化は完全には解明されていない。

⑦ |More fossils| 《 of early human beings 》 are being discovered （ each year ），
　　　S　　　　　　　　　　　　　　　　　　　　　V

and |accurate ways| 〈 of dating them 〉 are being developed.
　　　S　　　　　　　　　　　　　　　　V

《初期の人類の》 |より多くの化石| が 《年を追って》 発見されており，〈それらの年代を推定する〉 |正確な方法| が開発されているところだ。

● be being Vpp という形は，「V されているところだ」という意味の受動態の進行形の形。

⑧ But　scientists （ still ） do not know　|the complete story| 《 of human
　　　　　　S　　　　　　　　　V　　　　　　O

evolution 》.

しかし科学者たちは，《人間の進化の》 |完全な歴史| を 《いまだに》 知らない。

◎トピック

初期の人類は道具を作成し，使用していた。

⑨ （ In Africa ）, scientists have discovered |human fossils| 《that are believed to
　　　　　　　　　　　S　　　　　V　　　　　O　　　関係代名詞　　V′

be more than 2,000,000 years old 》.
　　　　　C′

《アフリカでは》，科学者たちは 《200 万年以上前のものであると信じられている》 |人間の化石| を発見した。

● that は関係代名詞の主格で，直前の名詞を修飾する形容詞節を作っている。

⑩ （ Among $\boxed{\text{some}}$ 《 of these fossils 》）, simple tools have been found.
                                                    S   V

（《これらの化石の》$\boxed{\text{いくつか}}$ の中に），単純な道具が発見されている。

● Among 以下の前置詞句は，文頭で副詞の働きをしている。

⑪ （ Thus ） scientists know 【 $\overset{\text{接続詞}}{\text{(that)}}$ those prehistoric people could make tools 】.
              S   V   O   S′   V′   O′

【このように，】科学者たちは【それらの有史以前の人々は道具を作ることができたということ】を知っている。

⑫ They （ no doubt ） were able to show their children 【 how to make tools and
    S   V   O   O①
                                         (A)   (B①)

how to use them 】.
   O②
   (B②)

【確かに，】彼らは【道具の作り方や使い方】を彼らの子どもたちに教えることができたのだ。

● show ○○ という第4文型の2番目の目的語の部分に，how to V「Vする方法」
という名詞句が置かれている。
● show A B は「A に B を教える，示す」という意味。

語句

☐ discover	動 発見する	☐ tool	名 道具
☐ accurate	形 正確な	☐ thus	副 このように
☐ date	動 年代[時期]を推定する	☐ prehistoric	形 有史以前の
☐ develop	動 開発する	☐ no doubt	熟 確かに
☐ complete	形 完全な	☐ how to V	熟 Vする方法
☐ story	名 歴史		

◎トピック

人類の体と脳は徐々に進化を遂げた。

⑬ The bodies and brains 《 of early human beings 》(slowly) evolved.
　　　　S　　　　　　　　　　　　　　　　　　　　　　　　　　V

《初期の人類の》 体と脳 は，《ゆっくりと》進化した。

⑭ They made better tools and weapons and became skillful hunters.
　　S　V①　　　　　O　　　　　　　　　　V②　　　　C

彼らはよりよい道具や武器を作り，すぐれた猟師になった。

● 代名詞の They は直前の文の early human beings を指している。

⑮ (Gradually) they learned 【 to talk (with one another) 】.
　　　　　　　　　S　　V　　　　　O

《徐々に》彼らは【（お互いに）話すこと】を学びとった。

● one another や each other は「お互い（に）」という意味の代名詞。

⑯ They discovered fire and learned 【 how to make it 】.
　　S　　V①　　　O①　　V②　　　　　O②

彼らは火を発見し，また，【火をおこす方法】を学んだ。

● how to V「V する方法」のように，〈疑問詞＋不定詞〉の形は名詞句を作ることが
　できる。

PARAGRAPH

◎トピック

約 10 万年前に，人類は現在の体型を獲得した。

⑰ <u>Human beings</u> <u>have had</u> <u>their "modern" form</u> **(** for about 100,000 years **)**.
S　　　　　V　　　　　　O

人間は，**(約 10 万年もの間)**「現代的な」体型を持ち続けている。

● ここでの現在完了形は，「(現在まで)ずっと V している」という意味の「継続」の
用法で使われている。

⑱ **(** If some **《** of the first "modern" human beings **》** <u>were dressed</u> (in modern
S′　　　　　　　　　　　　　　　　　　　V′

clothes) **)**, <u>you</u> <u>would not notice</u> <u>them</u> **(** on the street **)**.
S　　V　　　　　　　O

(もし《最も初期の「現代」人の**》**何人か が (現代の服を) 着ていたら)，あなたは**(通り
で)** 彼らに気づかないだろう。

● some のような数量を表す言葉の多くは代名詞として使うこともできる。

◆語句

☐ brain 　　　　名 脳
☐ slowly 　　　　副 ゆっくりと
☐ weapon 　　　名 武器
☐ skillful 　　　形 すぐれた
☐ hunter 　　　　名 猟師
☐ gradually 　　 副 徐々に

☐ one another 　代 お互い(に)
☐ modern 　　　形 現代的な
☐ form 　　　　　名 体型
☐ be dressed in ～ 熟 ～を着ている
☐ notice 　　　　動 気がつく

⑲ But the Neanderthal humans , 《 who had developed （ in a parallel line ）》,
         S   V′

became extinct （ about 30,000 years ago ）.
  V   C

しかし ネアンデルタール人 は，《《並行して》進化し》，（約3万年前に）絶滅した。

- 固有名詞を先行詞として，それに補足的説明を加える場合には，この文のように，関係詞の直前にカンマを置く「非制限用法」を使う。

⑳ They （ apparently ） could not compete （ successfully ） with the direct
  S   V

ancestors 《 of modern humans 》.

彼らは（見たところ）《現代人の》直系の祖先 と（うまく）競い合うことができなかったようだ。

- They は「ネアンデルタール人」を指している。

PARAGRAPH 7

◎トピック

さらなる進化を遂げ，人類は自らの歴史の探求も始めた。

㉑ 《 For thousands of years 》, people lived （ in caves, on open plains, and in
                                 S   V

jungles ）.

《何千年もの間》，人々は，（洞窟や広々とした平原やジャングルに）住んでいた。

- for という前置詞は「〜の間」という意味で「期間」を表す。
- thousands of 〜s は「何千もの〜」という意味。

㉒ **《** Gradually **》** they began to train animals and grow plants (for their own
　　　　　　　　S　　V　　　　O①　　　　　　　O②
use).

（徐々に）彼らは，（自分たちで使うために）動物を飼育し始め，植物を育て始めた。

㉓ **《** In time **》**, they began to keep　records　**《** of their history **》**.
　　　　　　　　　　S　　V　　　　O
（やがて）彼らは《自分たちの歴史の》記録を残し始めた。

㉔ They　are　the first and only beings　**《** to seek out their own evolutional
　　S　　V　　　　　C
history **》**.

人間は，《自分たち自身の進化の歴史を探求する》最初で唯一の生き物である。

● to seek は直前の名詞を修飾する句を作る，形容詞的用法の不定詞。

● **語句**

☐ Neanderthal human	图 ネアンデルタール人	☐ cave	图 洞窟
		☐ open	形 広々とした
☐ parallel	形 並行の，同時進行の	☐ plain	图 平原
☐ extinct	形 絶滅した	☐ train	動 飼育する
☐ apparently	副 見たところ……らしい	☐ plant	图 植物
☐ compete	動 競い合う	☐ in time	熟 やがて
☐ successfully	副 うまく	☐ record	图 記録
☐ direct	形 直系の	☐ seek out	熟 探求する
☐ thousands of ～	熟 何千もの～	☐ evolutional	形 進化の

速読トレーニング

① Human beings / are the highest product / of evolution. /
人間は　　　　　最も高等な産物である　　　進化上の

Human intelligence / is far superior / to that of any other organism. /
人間の知能は　　　　ずっとすぐれている　　　他のどの生物の知能よりも

In structure, / the human body / is closely related / to those /
構造上　　　　　人間の体は　　　　密接に関係している　　体と

of the chimpanzees, / gorillas, / orangutans, / and gibbons. /
チンパンジーの　　　　ゴリラの　　オランウータンの　そしてテナガザルの

But this does not mean / that human beings / evolved /
しかしこのことは意味しない　　　人間が　　　　　　進化したということを

from any of these apes. /
これら類人猿のいずれかから

② From their study / of fossils, / scientists think / that ancient humans /
研究から　　　　化石の　　　科学者たちは考えている　　古代の人間

and apes / had common ancestors / millions of years ago. /
そして類人猿は　　共通の祖先を持っていたと　　　何百万年前には

Apes and humans / evolved / in different directions / and became adapted /
類人猿と人間は　　進化した　　異なる方向で　　　　そして適合するようになった

to different ways of life. /
異なる生活様式に

③ More fossils / of early human beings / are being discovered / each year, /
より多くの化石が　　初期の人類の　　　　　発見されているところだ　　年を追って

and accurate ways / of dating them / are being developed. / But scientists /
そして正確な方法が　それらの年代を推定する　　開発されている　　　しかし科学者たちは

still do not know / the complete story / of human evolution. /
いまだに知らない　　完全な歴史を　　　　人間の進化の

④ In Africa, / scientists have discovered / human fossils /
アフリカでは　　科学者たちは発見した　　　　人間の化石を

that are believed to be / more than 2,000,000 years old. /
ものであると信じられている　　　200万年以上前の

Among some of these fossils, / simple tools / have been found. / Thus /
これらの化石のいくつかの中に　　単純な道具が　　発見されている　　このように

scientists know / that those prehistoric people / could make tools. /
科学者たちは知っている　　それらの有史以前の人々は　　道具を作ることができたということを

They no doubt / were able to show / their children / how to make tools /
確かに彼らは　　教えることができたのだ　彼らの子どもたちに　道具の作り方を

and how to use them. /
そしてそれらの使い方を

❺ The bodies and brains / of early human beings / slowly evolved. /
体と脳は　　　　　　初期の人類の　　　　　ゆっくりと進化した

They made / better tools and weapons / and became skillful hunters. /
彼らは作った　　よりよい道具や武器を　　　そしてすぐれた猟師になった

Gradually / they learned / to talk with one another. / They discovered fire /
徐々に　　　彼らは学んだ　お互いに話すことを　　　　彼らは火を発見した

and learned / how to make it. /
そして学んだ　火をおこす方法を

❻ Human beings / have had their "modern" form /
人間は　　　　「現代的な」体型を持ち続けている

for about 100,000 years. / If some / of the first "modern" human beings /
約10万年もの間　　　　　もし何人かが　　最も初期の「現代」人の

were dressed / in modern clothes, / you would not notice them /
着ていたら　　　現代の服を　　　　あなたは彼らに気づかないだろう

on the street. / But the Neanderthal humans, / who had developed /
通りで　　　　しかしネアンデルタール人は　　　進化した

in a parallel line, / became extinct / about 30,000 years ago. /
並行して　　　　　絶滅した　　　　約3万年前に

They apparently could not compete / successfully / with the direct ancestors /
彼らは競い合うことができなかったようだ　　うまく　　　　直系の祖先と

of modern humans. /
現代人の

❼ For thousands of years, / people lived / in caves, / on open plains, /
何千年もの間　　　　　　人々は住んでいた　洞窟や　　広々とした平原や

and in jungles. / Gradually / they began to train animals / and grow plants /
ジャングルに　　　徐々に　　彼らは動物を飼育し始めた　　そして植物を育てた

for their own use. / In time, / they began to keep records / of their history. /
自分たちで使うために　やがて　　彼らは記録を残し始めた　　自分たちの歴史の

They are the first / and only beings / to seek out /
人間は最初である　そして唯一の生き物　探求する

their own evolutional history.
自分たち自身の進化の歴史を

音読達成 シート	日本語 付	1	2	3	4	5	英語 のみ	1	2	3	4	5

45

■ 解答 ■

1	①	エ	②	ウ	③	キ	④	ア
	⑤	カ	⑥	ク	⑦	オ	⑧	イ

2	Ａ	④	Ｂ	①	Ｃ	③

3	(ア)	③	(イ)	④	(ウ)	①

4	(a)	①	(b)	③	(c)	②
	(d)	②	(e)	①		

5	①	F	②	T	③	F
	④	F	⑤	T		

［ 解説 ］

1 英英定義の問題。以下の和訳で語義を確認しよう。

◆選択肢の和訳

① ありふれた → エ 普通でつまらない　　② はっきり話す → ウ 意見を率直に述べる

③ 返答 → キ 返事　　　　　　　　　　④ 保守的な → ア 変化を嫌がる

⑤ いらだち → カ いらいら　　　　　　⑥ あいまいな → ク あまりはっきりしない

⑦ 気にする → オ 関心を持つ　　　　　⑧ 行われる → イ 行われる

2 Ａ～Ｃの前後の文に注意して，適当なものを選ぶ。

Ａ 文の前半で，アメリカの影響は positive「肯定的な」だと述べられている。but という逆接の接続詞を挟んで，その逆の内容が述べられると考えられるので，positive の反意語にあたる negative「否定的な」を選べばよい。

Ｂ 前後の内容から，当時，作者ははっきりと自分の意見を表明してはいなかったと考えられる。また，直後に並べられている harmless「害のない」という形容詞と同じような方向性の語を選ばなければならないので，「中立的な」という意味の neutral を正解とすればよい。

C　一般的な日本人の動向を説明する筆者の中立的な発言に対して，アメリカ人男性はイライラしている。ということは「一般的」「中立的」の逆にあたるものが空所に入ると考えられるので，「個人的な」という意味のpersonalを選べばよい。

◆選択肢の和訳
　①　中立の→B　　　②　反対の　　　③　個人的な→C　　　④　否定的な→A

3　イディオムの形などに注意して，適当なものを選ぶ。

（ア）　be accustomed to Ving は，「V することに慣れている」という意味の重要表現。この表現中の to は不定詞の to ではなく前置詞なので，直後には動名詞が置かれる。同じ意味のイディオムに be used to Ving がある。

（イ）　従属接続詞の when や if などの直後には，主節と同じ〈主語＋be 動詞〉が省略されることがある。ここでは I was が省略されていると考えるとよい。「私は」質問を「された」ほうなので，受動の意味を持つ過去分詞形の asked を正解とすればよい。

（ウ）　persuade ～ to V は「～が V するように説得する」という意味の重要表現。これに合わせて不定詞の to give を選択すればよい。

4　表現の置き換えや言い換えに注意して，適当なものを選ぶ。

（a）　expressing contrary opinions が showing disagreement, cause disorder が damage the harmony of the group のように，同じ意味の別の表現で置き換えられている。

（b）　「集団からはずされるのを恐れる」というのは「集団の一員になりたい」ということだと考えるとよい。

（c）　「無能の印」とは「有能な人間だと思われないこと」だと考えればよい。

（d）　「女性が自らの能力を示すことができる」というのは「女性が社会で活発に活動できること」に通じると考えるとよい。

（e）　make every effort to V は「V するためのあらゆる努力をする」という意味で，try one's best to V「V するために最善を尽くす」という表現と同じ意味。また，win ～ over は「～を説き伏せて支持を勝ち取る」という意味なので，ここでは gain the support of my parents「私の両親の支持を勝ち取る」と書き換えられている。

◆選択肢の和訳
　（a）反対の意見を表現することは不調和を引き起こしてしまうだろう
　　○①　異論を示すと集団の調和を乱すだろう
　　×②　部分的な同意を示すと調和は強まるだろう
　　×③　集団の調和は反対の意見を表明することによって助長されるだろう

（b）私は集団から除外されることを恐れていた
- ×① 私は集団から独立したかった
- ×② 私は集団に含まれたくなかった
- ○③ 私は集団の一員でありたかった

（c）個人的な意見を持たないことは無能の表れである
- ×① もしあなたが個人的な意見を持たなかったら，あなたは才能のある人だとみなされる
- ○② もしあなたが個人的な意見を持たなかったら，あなたは才能のある人だとは思われないだろう
- ×③ 才能のある人はひけらかすようなことはしない

（d）女性は自分たちの能力をもっと示すことができるようになった
- ×① 女性は社会でより活動的ではなくなった
- ○② 女性は社会でより活動的になった
- ×③ 女性は家事により興味を持つようになった

（e）私は両親を説得するためにあらゆる努力をするだろう
- ○① 私は両親の支持を得るのに成功するために最善を尽くそうとするだろう
- ×② 私は両親から許可を得るための方法をもっと一生懸命考えようとするだろう
- ×③ 私は両親とその話題について話し合うのを必死に避けようとするだろう

5 本文の内容との一致（T），不一致（F）の理由は次のとおり。

F ① 第1パラグラフで，アメリカ人男性ははじめから，筆者に対して個人的な意見を求めていたので，本文の内容と矛盾する。

T ② 第1パラグラフ中ほどに，「日本ではめったに個人的意見を述べる機会がなかった」と書いてあり，これに合致する。

F ③ 本文全体の内容から，アメリカ人は「個人的な」意見を言う人を賞賛すると考えられるので，general「一般的な」という表現は本文に反する。

F ④ 第3パラグラフで述べられている2番目の例において，筆者が「即答」したのは一般的な意見だった。その後，この即答に満足できなかったアメリカ人男性に対して言い直しているので，この選択肢は本文に矛盾する。

T ⑤ 第3段落の中ほどの，who cares about nationality?「国籍なんて誰が気にするの？」という表現から，筆者は結婚には国籍は関係ないと考えているとわかる。

◆選択肢の和訳
- F ① 最初の例において，そのアメリカ人男性が「あなたは」と言ったとき，「あなたたち日本人は」という意味だった。
- T ② 筆者は日本で自分の個人的な考えを言う機会がほとんどなかった。
- F ③ アメリカ人はいつも一般的な意見を述べようとする人を称賛する。
- F ④ 2つ目の例において，そのアメリカ人男性は筆者の即答に満足した。
- T ⑤ 筆者は結婚相手を決める上で国籍は重要ではないと考えている。

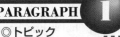

PARAGRAPH 1

◎トピック

筆者は調和を乱すことを恐れて，一般的な意見を述べてしまう。

① "Do you think 【 that American culture has influenced Japan (positively)】?"
　　　S　you think　　接続詞　　　　S'　　　　　　　V'　　　　　　　O'
　　　　V　O

「あなたは【アメリカ文化が日本に（肯定的に）影響を与えた】と思いますか」

- that という接続詞は that S V という形で「S が V するということ」という意味の
  名詞節を作る。

② An American man ,《 sitting (next to me) (at a party)》, asked me this
　　　S　　　　　　　　　　　　　　　　　　　　　　　　　　　　　　V　 O　 O
　　　　　　　　　　　　　　　　　　　　　　　　　　　　　　　　　　 (A)　(B)

question.

《（パーティーで）（私の隣に）座っていた》 アメリカ人の男性 が，私にこの質問をした。

- next to は 1 つの前置詞の働きをする句で，「〜の隣に」という意味になる。
- この文の asked は目的語を 2 つとる第 4 文型で使われている。ask A B の形で
  「A に B を尋ねる」という意味。

語句

☑ culture 　　　　图 文化　　　　　　☑ next to 〜 　　熟 〜の隣に
☑ influence 　　　動 影響を与える　　☑ ask A B 　　　熟 A に B を尋ねる
☑ positively 　　副 肯定的に

③ I gave him a commonplace answer 〈 like, "Some Japanese think 【 (that) the

S V O(A)   O(B)   S'①   V'① O'①

American influence has been positive 】, but others think 【 (that) it has been

S"①   V"①   C"①   S'②   V'② O'② S"② V"②

negative 】."〉

C"②

接続詞 (labels above "that")

私は《「【アメリカの影響は好ましい面もあった】と思う日本人もいるが，［悪い面もあった］と思う日本人もいます」という》ありふれた答えを彼に示した。

● この文の gave は第 4 文型で使われている。give A B の形で「A に B を与える」という意味。

● some ..... others ..... は「……する者もいれば，……する者もいる」という意味の重要表現。

● it という代名詞は the American influence を指している。

④ The look 〈 on his face 〉 told me 【 (that) he had gotten (similarly)

S   V   O O   S'   V'

(A)(B)

unsatisfactory answers (from other Japanese) 】.

O'

《彼の顔の》表情を見て，【彼は《同様に》不満足な答えを（他の日本人からも）聞いた】のだろうと私はわかった。

● The look told me that ...... は，直訳すると「表情が私に……を告げた」というように不自然な日本語になってしまう無生物主語構文。訳す場合は，主語の部分を副詞的に，目的語の部分を主語のように訳すとよい。

● この文の told は第 4 文型で使われている。tell A B の形で「A に B を告げる」という意味。

⑤ **(** To him **)**, <u>the word "you"</u> <u>meant</u> <u>"you yourself"</u>; but **(** to me **)**, **(** because
　　　　　　　　　S　　　　　　V　　　　O

of group harmony **)**, <u>"you"</u> <u>meant</u> <u>"you Japanese."</u>
　　　　　　　　　　　　S　　　V　　　O

(彼にとって**)**「あなた」という言葉は「あなた自身」を意味した，しかし（私にとっては）
(集団協調の理由から**)**，「あなた」は「あなたたち日本人」を意味した。

> ● because of は1つの前置詞の働きをする句で，「〜のために」「〜の理由で」とい
> う意味になる。

⑥ <u>I</u> <u>was accustomed</u> to **【** making a general comment rather than a personal
　S　　　V

one **】**.

私は【個人的な意見よりもむしろ一般的な意見を述べること】に慣れていた。

> ● be accustomed to 〜「〜に慣れている」という意味の熟語の to は前置詞の to
> なので，直後には動名詞が置かれる。
> ● one は名詞の反復を避ける代名詞で，ここでは comment という名詞の反復を避
> けて使われている。
> ● A rather than B は「B よりもむしろ A」という意味の重要表現。

● **語 句**

☐ commonplace	形 ありふれた	☐ harmony	名 協調
☐ give A B	熟 A に B を与える	☐ be accustomed to 〜	熟 〜に慣れている
☐ influence	名 影響		
☐ positive	形 好ましい	☐ general	形 一般的な
☐ negative	形 悪い	☐ comment	名 意見
☐ tell A B	熟 A に B を告げる	☐ A rather than B	副 B よりもむしろ A
☐ similarly	副 同様に		
☐ unsatisfactory	形 不満足な	☐ personal	形 個人的な

⑦ 《 In Japan 》, I (seldom) had a chance 《 to express my personal
　　　　　　　　　S　　　　　　　 V　　 O
opinions 》.

（日本では），私には，《自分の個人的な意見を述べるような》 機会 は（めったに）なかった。

● seldom ..... は否定的意味の副詞で，頻度が低いことを表し，「めったに……ない」
という意味になる。

⑧ 《 On those rare occasions 》, I tried to state neutral, harmless opinions.
　　　　　　　　　　　　　　　　S　 V　　　　　　　　　　O

（それらのまれな機会に），私は中立的で無害な意見を述べようとした。

⑨ 《 Otherwise 》,【 expressing contrary opinions 】 would cause disorder, and I
　　　　　　　　　　　　　　　　S　　　　　　　　　　　 V　　 O　　　　　 S
was afraid of 【 being excluded (from the group) 】.
 V　　 C

（さもなければ），【反対の意見を表明すること】は不調和を引き起こしてしまうだろう，そ
して，私は【（集団から）除外されること】を恐れていたのだ。

● otherwise は「さもなければ」という意味の副詞。ここでは「中立的で無害な意見
を述べなければ」という前の文の内容を受けた意味となる。
● being Vpp は受動態の動名詞で「V されること」という意味になる。

⑩ 《 However 》, Americans learn (in elementary school)【 to speak out 】.
　　　　　　　　　　　S　　　　 V　　　　　　　　　　　　　　　 O

（しかしながら），アメリカ人は（小学校で）【はっきり自分の意見を言うこと】を学ぶ。

● however は「しかしながら」という意味で，前の文と反対の内容を直後に述べる
場合に使われる，逆接の接続副詞。

⑪ （ In that culture ）, 【 having no personal opinions 】 is | a sign | 〈 of
　　　　　　　　　　　　　　　　S　　　　　　　　　　　V　　C

incapability 〉.

《その文化においては》,【個人的な意見を持たないこと】は,《無能の》 表れ である。

● having ..... という動名詞の部分がこの文の主語となっている。

PARAGRAPH ②

◎トピック

筆者はとりあえず自分の意見を述べるが, 不満が残る。

⑫ I answered, "Well, let me see.
　 S　 V　　　　　　O

私は答えた,「えーっと, そうですね。

● well は「えーっと」という意味の間投詞。
● let me see は「そうですね……」のように, 何かを考える際に口に出す口語表現。

● 語 句

☐ seldom	副 めったに……ない	☐ disorder	名 不調和
☐ express	動 述べる, 表明する	☐ be afraid	熟 ～を恐れている
☐ rare	形 まれな	of ～	
☐ occasion	名 機会	☐ exclude	動 除外する
☐ state	動 述べる	☐ however	副 しかしながら
☐ neutral	形 中立の	☐ speak out	熟 はっきり自分の
☐ harmless	形 無害な		意見を言う
☐ otherwise	副 さもなければ	☐ sign	名 表れ
☐ contrary	形 反対の	☐ incapability	名 無能
☐ cause	動 引き起こす	☐ well	間 えーっと

⑬ American culture has raised women's status (in Japan), and I appreciate
　　　S　　　　　V　　　　　O　　　　　　　　　　　　　　S　　　V

that (very much).
O

アメリカの文化は《日本での》女性の地位を引き上げてくれました，そして私はそのことに
《大変》感謝しています。

> ● that は代名詞で前の節の内容を指している。

⑭ Women have become (more) able to display their abilities."
　　S　　　　　V　　　　　　　　　　　　　　O

女性は《もっと》自分たちの能力を示すことができるようになりました」

⑮ (Still), I wasn't (truly) satisfied (with my comment) (because it was
　　　　　S　　V　　　　　　C　　　　　　　　　　　　　　　　　S'　V'

(so) ordinary).
　　　C'

《それでもなお》《それが《あまりに》平凡だったので》，私は《自分の意見に》《本当には》
満足してはいなかった。

> ● be satisfied with ～ は，「～に満足している」という意味の重要表現。

PARAGRAPH **3**

◎トピック

国際結婚に関して，筆者は率直な意見を述べることができた。

⑯ (After that incident), I was (still) apt to give general responses (by
　　　　　　　　　　　　　S　V　　　　　C

【 saying "We Japanese ..." 】)

《その出来事の後も》，私は《まだ》《【「私たち日本人は」と言うこと】によって》一般的な
返答をしがちだった。

⑰ **(** When asked, "What do you think about international marriage?" **)** I replied,

— I was が省略

V① O① O' S' V' S② V②

"We Japanese are conservative — so, **(** generally speaking **)**, parents object

O② S' V' C' S' V'

(to international marriage **)**."

(「国際結婚についてどう思いますか」と尋ねられたとき**)** 私は答えた,「私たち日本人は保守的です,したがって,(一般的に言うと),両親は**(**国際結婚に**)** 反対します」

- when のような従属接続詞の直後では,しばしば,〈主語＋be 動詞〉が省略される。この文では I was が省略されていると考えるとよい。
- What do you think about[of] ～? は「～についてどう思いますか」という口語表現。

● **語 句**

☐ raise	動 引き上げる	☐ apt	形 傾向がある
☐ status	名 地位	☐ be apt to V	熟 V しがちである
☐ appreciate	動 感謝する	☐ response	名 返答
☐ display	動 示す	☐ reply	動 答える
☐ ability	名 能力	☐ conservative	形 保守的な
☐ truly	副 本当に	☐ generally speaking	熟 一般的に言うと
☐ satisfied	形 満足した		
☐ be satisfied with ～	熟 ～に満足している	☐ international marriage	名 国際結婚
☐ ordinary	形 平凡な	☐ object to ～	動 ～に反対する
☐ incident	名 出来事		

⑱ 《 There again 》, I heard the irritation (in the American man's voice): "I'm
　　　　　　　　 S　V　　　O　　　　　　　　　　　　　　　　　　　　　　　　　 S

asking for your personal opinion."
　V

（そこで再び），私は（そのアメリカ人男性の声の中に）いらだちの響きを聞いた。「私はあ
なたの個人的な意見を求めているのです」

⑲ His facial expression was strong enough 《 to break through the Japanese
　　　　 S①　　　　　　　 V①　 C①　　　　　　　　　　　　　　　　

wall 《 of ambiguous expressions 》》, and I said: "(If the two people
　　　　　　　　　　　　　　　　　　　　　　 S②　V②　O②　　 S'①

understand and love each other), who cares about nationality?"
　　 V'①　　　　　 O'①　　　　　 S'②　　 V'②

彼の顔の表情は，（《あいまいな表現をする》日本人の壁 を突破するには）十分強いものだ
った，そこで私は言った。「（もし2人が理解し合い愛し合っているなら），だれが国籍を気
にするでしょうか」

> ● ... enough to V は「V するのに十分…」という意味の，「程度」を表す重要表現。
> ● Who cares ......? のような疑問文を「修辞疑問文」と呼び，「誰が気にしようか，
> 　 いや誰も気にしまい」というように，問いかけながらも実は否定の意味を強調して
> 　 いる。

⑳ (Then), 《 softly 》 he inquired, "(If your parents objected to your own
　　　　　　　　　　　　　 S　V　　　　　　 S'①　　　　 V'①

international marriage), what would you do?
　　 O'②　　　　　　　 S'②　V'②

（それから）《静かに》彼は尋ねた，「（もしあなたの両親があなた自身の国際結婚に反対した
ら），あなたはどうしますか。

㉑ **(** In the U.S. **)**, parental permission is not necessary, but **(** in your country **)**
　　　　　　　　　S′③　　　　　　　V′③　　C′③

you need it, right?"
S′④　V′④ O′④

(アメリカでは**)**，親の許可は必要ありません，しかし（あなたの国では）必要ですよね」

● ....., right? は「……ですよね」というように念押しをする場合に使われる口語表現。

㉒ I answered : "Right, but not **(** legally **)**.
　S　　V　　　　　　　　　　　O

私は答えた。「その通りです，しかし**（**法律的に**）**必要なのではありません。

● not は否定文の反復を避けて使われる。この文では We don't need it. という否定
文の反復を避けて使われていると考えるとよい。

㉓ I would try to persuade my parents to give me permission.
　S′①　V′①　　　　　O′①

私は，許可してくれるように，両親を説得しようとするでしょう。

● **語句**

☐ irritation	图 いらだち	☐ nationality	图 国籍
☐ ask for 〜	熟 〜を求める	☐ softly	副 静かに
☐ opinion	图 意見	☐ inquire	動 尋ねる
☐ facial	形 顔の	☐ parental	形 親の
☐ expression	图 表現	☐ permission	图 許可
☐ ... enough 　 to V	熟 V するのに十分 　…	☐ necessary	形 必要な
☐ break through	熟 突破する	☐ legally	副 法律的に
☐ ambiguous	形 あいまいな	☐ persuade 　 〜 to V	熟 〜が V するよう 　に説得する
☐ care about 〜	熟 〜を気にする		

接続詞 that が省略

㉔ **(As a Japanese)**, I don't think **[** my parents and I are **(completely)**
S'② V'② O'② S' V'

separate beings 《 with different personalities 》**]**."
C'

【日本人として】,【両親と私は《異なる人格を持つ》(まったく)別個の存在だ】とは思い
ません」

● 文頭の as は「〜として」という意味を持つ前置詞として使われている。
● think の直後には名詞節を作る接続詞の that が省略されている。

㉕ He continued: "**(** If your parents persisted in objecting **)**, what would you do?"
S V O S' V' O S V
(S1) (V1) (S2)(V2)

彼は続けた。「(もしあなたの両親が反対することに固執したら),あなたはどうしますか」

● if S1 V1p, S2 would V2.は「S1 が V1 するならば,S2 は V2 するだろう」と
いう意味の,現在の事実に反することを仮定する場合に使われる表現。

㉖ I replied: "My parents say **[** that **(** if the man had a warm personality and
S V O S V O S" V"① O"

could communicate **(** with them **) (** in Japanese **))**, they would allow the
V"② S' V'

marriage to take place **]**.
O'

私は答えた。「私の両親は,【(もしその男性が温かい人格を持ち,(日本語で)(自分たちと)
意思を伝え合えるなら),自分たちは結婚式を挙げることを許すだろう】と言いますね。

● that という接続詞で始まる名詞節の中に,if 節と主節からなる仮定法の文が含まれ
ている。

㉗ **（** Despite the many cultural differences **）**, I would make every effort **（** to
　　　　　　　　　　　　　　　　　　　S　　　V　　　　O

win my parents over **）**."

（多くの文化的違いにもかかわらず**）**，私は（両親を説得するために）あらゆる努力をするで
しょう」

● despite は前置詞で，「〜にもかかわらず」という意味を表す。

PARAGRAPH

◎トピック

率直な会話から互いの文化に対する認識が高まった。★ テーマ ★

㉘ **（** Through ｜free interchange｜ **《** of opinions **》）**, the conversation developed
　　　　　　　　　　　　　　　　　　　　　　　　　　　S　　　　　　　V

（ smoothly **）**.

（《意見の**》**｜自由なやりとり｜を通して**）**，会話は（円滑に）進んだ。

● through という前置詞は「〜を通じて」という意味で「手段」や「媒介」を表すこ
とができる。

 語 句

☐ completely	副 まったく	☐ cultural	形 文化的な
☐ separate	形 別個の	☐ difference	名 違い
☐ being	名 存在	☐ make an	熟 努力する
☐ personality	名 人格	effort	
☐ continue	動 続ける	☐ win 〜 over	熟 〜を説得する
☐ persist in 〜	熟 〜に固執する	☐ through	前 〜を通じて
☐ allow	動 許す	☐ interchange	名 やりとり
☐ take place	熟 行われる	☐ develop	動 進展する
☐ despite 〜	前 〜にもかかわらず	☐ smoothly	副 円滑に

㉙ (By 【 encouraging further frank give-and-take 】), <u>we</u> <u>were able to</u>
　　　　　　　　　　　　　　　　　　　　　　　　　　S　　　V

<u>understand and appreciate</u> <u>each other's culture</u> (better).
　　　　　　　　　　　　　　　　O

(【さらに率直な意見の交換を奨励すること】によって)，私たちはお互いの文化を（よりよ
く）理解し，認識できた。

> ● understand と appreciate という他動詞は，each other's culture という目的
> 語を共有して使っている。

● 語 句

☐ encourage　　　勔 奨励する　　　　☐ give-and-take　　名 意見の交換
☐ further　　　　　剾 さらに　　　　　☐ appreciate　　　　勔 正しく認識する
☐ frank　　　　　　形 率直な

速読トレーニング

1 "Do you think / that American culture / has influenced Japan
「あなたは思いますか」　　アメリカ文化が　　　　日本に影響を与えたと

positively?" / An American man, / sitting next to me / at a party, / asked me
肯定的に　　　アメリカ人の男性が　　　私の隣に座っていた　　パーティーで　　私に尋ねた

this question. / I gave him / a commonplace answer like,
この質問を　　　私は彼に示した　　　というありふれた答えを

"Some Japanese think / that the American influence / has been positive,
「ある日本人は思う　　　アメリカの影響は　　　　　好ましい面もあったと

but others think / that it has been negative." / The look on his face / told me
しかし思う日本人もいる」　それは悪い面もあったと　　彼の顔の表情を見て　　私はわかった

that he had gotten / similarly unsatisfactory answers / from other Japanese.
彼は聞いたのだと　　　同様に不満足な答えを　　　　　他の日本人から

To him, / the word "you" / meant "you yourself"; / but to me,
彼にとって　　「あなた」という言葉は　「あなた自身」を意味した　　しかし私にとっては

because of group harmony, / "you" / meant "you Japanese."
集団協調の理由から　　　　　「あなた」は　「あなたたち日本人」を意味した

I was accustomed / to making a general comment
私が慣れていた　　　　一般的な意見を述べることに

rather than a personal one. / In Japan, / I seldom had a chance
個人的な意見よりもむしろ　　　日本では　　私にはめったに機会がなかった

to express / my personal opinions. / On those rare occasions,
述べるような　　自分の個人的な意見を　　　　それらのまれな機会に

I tried to state / neutral, / harmless opinions. / Otherwise,
私は述べようとした　中立的で　　無害な意見を　　　さもなければ

expressing contrary opinions / would cause disorder, / and I was afraid
反対の意見を表明することは　　　不調和を引き起こしてしまうだろう　　そして私は恐れた

of being excluded / from the group. / However, / Americans learn
除外されることを　　　集団から　　　しかしながら　　アメリカ人は学ぶ

in elementary school / to speak out. / In that culture,
小学校で　　　　　はっきり自分の意見を言うことを　その文化においては

having no personal opinions / is a sign of incapability.
個人的な意見を持たないことは　　　無能の表れである

2 I answered, / "Well, / let me see. / American culture / has raised
私は答えた　　「えーっと　そうですね　　アメリカの文化は　　引き上げてくれました

women's status / in Japan, / and I appreciate that / very much. / Women
女性の地位を　　日本での　　そして私はそのことに感謝しています　大変　　女性は

have become more able / to display their abilities." / Still,
もっとできるようになりました」　　自分たちの能力を示すことが　　それでもなお

61

I wasn't truly satisfied / with my comment / because it was so ordinary. /
私は本当に満足してはいなかった　　自分の意見に　　　それがあまりに平凡だったので

3 After that incident, / I was still apt to give / general responses /
その出来事の後も　　　私はまだしがちだった　　　一般的な返答を

by saying / "We Japanese..." / When asked, / "What do you think /
言うことによって　「私たち日本人は」と　尋ねられたとき　　どう思いますか」と

about international marriage?" / I replied, / "We Japanese are conservative /
「国際結婚について　　　　　私は答えた　　　「私たち日本人は保守的です

— so, / generally speaking, / parents object / to international marriage." /
したがって　　一般的に言うと　　両親は反対します」　　　国際結婚に

There again, / I heard the irritation / in the American man's voice: /
そこで再び　　　私はいらだちの響きを聞いた　　そのアメリカ人男性の声の中に

"I'm asking for / your personal opinion." / His facial expression /
「私は求めているのです　　あなたの個人的な意見を」　　　彼の顔の表情は

was strong enough / to break through / the Japanese wall /
十分強かったので　　　突破するのに　　　日本人の壁を

of ambiguous expressions, / and I said: / "If the two people understand /
あいまいな表現をする　　　そこで私は言った　　「もし2人が理解し合い

and love each other, / who cares about nationality?" / Then, /
愛し合っているなら　　　だれが国籍を気にするでしょうか」　それから

softly he inquired, / "If your parents objected /
静かに彼は尋ねた　　「もしあなたの両親が反対したら

to your own international marriage, / what would you do? / In the U.S., /
あなた自身の国際結婚に　　　　　あなたはどうしますか　　アメリカでは

parental permission / is not necessary, / but in your country / you need it, /
親の許可は　　　　　必要ありません　　　しかしあなたの国では　　必要です

right?" / I answered: / "Right, / but not legally. /
そうですよね」　私は答えた　「その通りです　しかし法律的に必要なのではありません

I would try to persuade / my parents / to give me permission. /
私は説得しようとするでしょう　　両親を　　　許可してくれるように

As a Japanese, / I don't think / my parents and I /
日本人として　　私は思いません」　両親と私は

are completely separate beings / with different personalities." / He continued: /
まったく別個の存在だとは　　　　異なる人格を持つ　　　　彼は続けた

"If your parents / persisted in objecting, / what would you do?" / I replied: /
「もしあなたの両親が　　反対することに固執したら　　あなたはどうしますか」　私は答えた

"My parents say / that if the man / had a warm personality /
「私の両親は言います　　もしその男性が　　温かい人格を持ち

and could communicate / with them / in Japanese, / they would allow /
意思を伝え合えるなら　　　自分たちと　　日本語で　　　自分たちは許すだろう

the marriage to take place. / Despite the many cultural differences, /
結婚式を挙げることを   多くの文化的違いにもかかわらず

I would make every effort / to win my parents over." /
私はあらゆる努力をするでしょう」   両親を説得するために

4 Through free interchange / of opinions, / the conversation developed /
自由なやりとりを通して   意見の   会話は進んだ

smoothly. / By encouraging / further frank give-and-take, /
円滑に   奨励することを通じて   さらに率直な意見の交換を

we were able / to understand and appreciate / each other's culture / better.
私たちはできた   理解し認識することが   お互いの文化を   よりよく

音読達成 シート	日本語 付	1	2	3	4	5	英語 のみ	1	2	3	4	5

63

■ 解答 ■

1	多くの人々は，自動車はアメリカで非常に一般的に使用されているので，自動車はアメリカ合衆国で発明されたと信じている。

2	a	③	b	①	c	⑥
	d	⑤	e	②	f	④

3	②	④	⑤	⑦

4	③	⑤		

5	ア	④	イ	①	ウ	⑤

[解説]

1 believe の直後の that が文末まで続く名詞節を作っている。be in use は「使用されている」という意味のイディオム。it は the automobile を指す。

2 このような問題では，とりあえずわかったものから補充していき，選択肢を消去することによって可能性を絞り込んでいくことが重要。順番通りに解く必要はない。

　　a 空所の直後の that と構文的に結びつくものを選択すればよい。such 〜 that S V は「S が V するほどまでの〜」という意味の，「程度」を表す構文。

　　b 述語動詞の部分は had been laid「横たえられた」→「敷かれた」となっていることから，「敷かれる」対象となるものが主語の部分に置かれると考えればよい。選択肢で該当するのは the hard base「固い基盤」のみ。

64

c 文脈上，「何」が大きくなければ，道路建設が経済的なのかを考えるとよい。選択肢で該当するのは distances「距離」のみ。

d 水路を利用したり，鉄道を利用したりしていた，当時のアメリカ大陸の状況を考えると，the great unpeopled spaces「広大な無人地帯」が最も適当。

e 文脈上，当時のアメリカ人は自動車よりも馬を重視していたのだから，車を見ても「あまり興奮しなかった」と考えられる。get excited about 〜は「〜に対して興奮する」という意味。

f アメリカに自動車を普及させるためには，「馬」というライバルに勝つ必要があった，という文の流れから，overcome「克服する」ものは，this feeling about the horse「馬に対するこの感情」だったと考えられる。

◆選択肢の和訳
① 固い基盤 → b
② 大変興奮するようなもの → e
③ 非常に多くの数 → a
④ 馬に対するこの感情 → f
⑤ 広大な無人地帯 → d
⑥ 距離 → c

3 本文の内容との一致，不一致の理由は次のとおり。

× ① 第 1 パラグラフに，最初の自動車が作られたのはフランスとドイツだと書いてある。

○ ② 第 7，第 8 パラグラフの内容と合致する。

× ③ 第 5 パラグラフでは，アメリカの道路事情がよくなかったことが書かれているので，この選択肢の内容は本文と矛盾する。

○ ④ 第 5 パラグラフに同じ内容が書かれている。

○ ⑤ 第 1 パラグラフの内容と合致する。

× ⑥ 第 3 パラグラフにおいて，ヨーロッパの町や村が接近していたことが道路建設を安上がりにしたとは書いてあるが，自動車の製造コストを下げたとは書いていない。

○ ⑦ 第 8 パラグラフの内容から示唆されている。

× ⑧ 第 4，第 5 パラグラフの内容に反している。

× ⑨ 第 6 パラグラフの内容に反している。

×① 道路事情が悪かったので，アメリカ人は世界で最初の自動車を生産した。

○② 自動車は，十分に安くなるまでアメリカでは一般的に使用されるようにならなかった。

×③ アメリカは道路を除いては経済発展のどの部門でもヨーロッパより勝ってはいなかった。

○④ 雨天ではアメリカの道路は渡るのにしばしば切り倒した木を使った。

○⑤ アメリカは自動車の大量生産で先頭に立っている国である。

×⑥ ヨーロッパの町や村はお互いに接近しているので，自動車はアメリカよりも安い費用で生産された。

○⑦ 「モデルT」はアメリカの農夫の車に対する考えを変えたと言える。

×⑧ アメリカでは町や村の数が少ないので道路は安く造られた。

×⑨ 最初に自動車を見たとき，大部分のアメリカ人は大変興奮した。

4 それぞれの単語の発音は以下の通り。

① machine [məʃíːn]

② invent [invént]

③ surface [sə́ːrfəs]

④ engineer [endʒiníər]

⑤ operate [ápəreit]

⑥ manufacture [mǽnjəfǽktʃər]

◆選択肢の和訳

×① 機械

×② 発明する

○③ 表面

×④ 技術者

○⑤ 操作する

×⑥ 製造する

5 英英定義の問題。以下の和訳を参照して確認しよう。

◆選択肢の和訳

①「打ち勝つ」→ イ 問題あるいは感情をうまく扱ったり抑制したりする

②「進歩」

③「経済的な」

④「運河」→ ア 船が使用することができる，陸地を切り通した水路

⑤「発電所」→ ウ 動力[電力]が作り出される工場あるいは場所

⑥「切手」

PARAGRAPH 1

◎トピック

自動車はヨーロッパで始まり，アメリカで大量生産が行われた。★テーマ★

① Many people believe 【that (接続詞) (because the automobile is in such general use
　　S　　　　　V　　　O　　　　　　　　　　　S″　　　　　　　V″

(in America)) it was invented (in the United States)】.
　　　　　　　　　　S′　　　V′

多くの人々は，【自動車は（（アメリカで）非常に一般的に使用されているので，）自動車は
【アメリカ合衆国で）発明された】と信じている。

● 接続詞の that で始まる名詞節の中に because で始まる副詞節と主節からなる文が
　入っている。
● be in use は「使用されている」という意味の重要表現。

② That is not true.
　　S　　V　　C

それは事実ではない。

● That は代名詞で直前の文の内容を指している。

③ The gasoline motor-car 《that (関係代名詞) we know 》began (in France and Germany).
　　S　　　　　　　　　　　　　　　　　S′　V′　　　V

《私たちが知るような》ガソリン自動車は，（フランスとドイツで）生まれた。

● that は関係代名詞の目的格で，直前の名詞を説明する形容詞節を作る。

● 語 句

□ automobile　　图 自動車　　　　　□ invent　　　　動 発明する
□ general　　　　形 一般的な　　　　□ gasoline　　　图 ガソリン自動車
□ be in use　　　熟 使用されている　　 motor-car

④ 【 What Americans did invent 】 was a method 《 of manufacturing cars in
   　　　　 S 　　　　　　　　　　 V 　　 C

such numbers that (in the end) they led the world (in production),
　　　　　　　　　　　　　　　　　　 S′ 　 V′ 　 O′

／分詞構文
(producing some seventy-five percent 〈 of all the world's cars 〉.)》

【アメリカ人が実際に発明したもの】は，《（最終的に）（生産台数において）世界で首位となり，《〈世界のすべての自動車の〉約75パーセント を生産するほどの）多数の自動車を製造する》方法 だった。

> ● what は関係代名詞で，「……こと，もの」という意味の名詞節を作る。この文では，
>   what で始まる名詞節が主語となっている。
> ● 動詞の前に，do, does, did という助動詞が置かれると，「本当に」「実際に」という，直後の動詞を強調する意味となる。
> ● 〈such＋名詞＋that S V〉は「S が V するほどまでの〜」という意味の重要構文。
> ● producing ..... は「そして……する」という，「結果」の意味の分詞構文。
> ● 数詞の前に置かれた some は「約〜」という意味で使うことができる。

PARAGRAPH 2

◎トピック

ヨーロッパは道路事情がアメリカよりもすぐれていた。➡ 理由は？

⑤ One reason 《 why motoring began (in Europe) and, (at the start),
   　 S 　　　　　　　 S′ 　　 V′①

接続詞
progressed (more quickly) (there) 》 was 【 that the roads were so much
 V′② 　　　　　　　　　　　　　　　　　　　　 V 　 C 　　　　　 S′ 　　　 V′

better 】.
 C′

《自動車の運転が《ヨーロッパで）始まり，そして（初期においては）（その地で）《より速く）進歩した》1つの理由 は，【道路の状態がはるかによかったこと】であった。

● この文の主語は one reason で，その直後に関係副詞の why で始まる長い修飾部分が続いている。述語動詞は was。
● that で始まる名詞節が文の補語になっている。

⑥ 《 In no branch 《 of social and economic development 》》 was the United
 V   S

States so far behind Europe (as in its roads).

《《社会的，経済的発展における》いかなる 分野 においても，》（道路の点においてほど）アメリカ合衆国がヨーロッパよりも，これほどまでに遅れをとっている分野はなかった。

● この文の In no branch ..... のように，否定的副詞句を文頭に置いて強調し，直後を疑問文の語順とすることがある。これを倒置構文という。
● 〈否定＋so ... as ～ 〉は「～ほど…ない」という意味で，～の部分は最上であることを示すことができる。

⑦ There were a number of reasons 《 for this 》.
 V   S

《これには》多くの理由 があった。

● 語句

☑ method   图 方法   ☑ at the start   熟 最初に
☑ manufacture   動 製造する   ☑ progress   動 進歩する
☑ in the end   熟 最終的に   ☑ branch   图 分野
☑ lead   動 先頭に立つ   ☑ social   形 社会的な
 〈lead-led-led〉   ☑ economic   形 経済上の
☑ production   图 生産量   ☑ not so ... as ～ 熟 ～ほど…でない
☑ produce   動 生産する   ☑ behind   前 ～より遅れて
☑ motoring   图 自動車の運転

PARAGRAPH 3

◎トピック
理由① 過去からの基盤があった。
理由② 町や村が互いに近くにあった。

⑧ (In Europe) the hard base 《 for thousands of miles of good highways 》
　　　　　　　　　S

had been laid (by the Romans) (hundreds of years before); it was
　　V
　　　　└─分詞構文の being の省略　　　　　　　　　　　　　　（= the hard base）S　V
there, ready to be (later) built up (into fine smooth surfaces) (by

engineers).

《ヨーロッパには》，《何千マイルもの優良な幹線道路の》固い基盤が（数百年前に）《ロー
マ人によって》敷かれていた。そのような基盤が存在し，（後ほど）（技術者たちによって）
（なめらかな道路面へと）作り替えられる準備ができていたのだった。

- ● had been laid の部分は過去完了形で，過去のある時点よりさらに前のことを表す。
  ローマ人により基盤が敷かれていたのは，自動車の始まりよりも前のこと。

⑨ (Second), distances there were not very great, and the large number
　　　　　　　S①　　　　V　　C　　　　　　　　　S②
《 of towns and villages 〈 all quite near one another 〉》 made roadbuilding
　　　　　　　　　　└─関係代名詞 that＋were が省略　　　　　V　　O

economical.
　C

《第2に》，ヨーロッパでの距離はあまり長くはなかった，また《〈互いにかなり接近した〉
町や村の》数が多かったこと により，道路建設の費用が節約された。

- ● one another は「お互い（に）」という意味の代名詞。
- ● 述語動詞の made は make O C という形で，「O を C にする」という意味になる。

70

PARAGRAPH 4

◎トピック

アメリカでは水路や鉄道が発達した。

⑩ (In the great unpeopled spaces ⟪ of the American continent ⟫), (on the

other hand), it was easier and cheaper 【 to use the rivers and lakes and to
　　　　　　　　　　　形式主語・to use 以下が真主語
　　　　　　　　 S V 　　　 C 　　　　　 ①

make canals or put down railroads 】.
　　　　　　　　　　　　　　　　　②

(一方), (⟪アメリカ大陸の⟫ 広大な無人地帯 では), 【川や湖を使ったり運河を造ったり鉄
道を敷くこと】のほうが, より簡単でより安く上がった。

- on the other hand は「その一方で」という意味で, 直前の内容と対比される内容を示す場合に使われるつなぎ表現。
- it は形式主語で直後の名詞的用法の不定詞を指して使われている。

語句

☐ base	名 基盤	☐ distance	名 距離
☐ highway	名 幹線道路	☐ quite	副 とても
☐ lay	動 横たえる, 敷く	☐ economical	形 節約になる
〈lay-laid-laid〉		☐ unpeopled	形 無人の
☐ Roman	名 ローマ人	☐ space	名 地帯
☐ be ready to V	熟 V する用意がある	☐ continent	名 大陸
☐ later	副 後ほど	☐ on the other	熟 一方
☐ smooth	形 なめらかな	hand	
☐ surface	名 表面	☐ canal	名 運河
☐ engineer	名 技術者	☐ put down	熟 敷く

71

PARAGRAPH 5

◎トピック

当初のアメリカの悲惨な道路事情。

⑪ American roads <u>had</u> <u>their beginning</u> **（** in the paths **《** used **（** by Indians **）》**
　　S　　　　　　V　　　O

or those 〈 stamped out （ by cattle ）〉**）**.

アメリカの道路は,**《《《**（インディアンによって）使われた**》**小道**,** あるいは 〈（牛によって）踏み固められた〉小道 から**》** 始まった。

- ● those は複数形の名詞の反復を避ける代名詞で，ここでは the paths の反復を避けて使われている。

⑫ Most **《** of them **》** became seas 〈 of mud 〉**（** when it rained **）**, and could
　S　　　　　　V①　　C　　　　　　　　S′ V′　　　　　　　　V②

（ then ） be used **（** only if logs had been laid （ across them ）**）**.
　　　　　　　　　　　　　S′　　V′

《それらの**》**大部分 は,**《**雨が降ると**》**〈泥の〉海 になった,そして（それから）**《**丸太が（その上に）敷かれた場合にのみ**》** 使うことができた。

- ● most は「ほとんど」「大部分」という意味の名詞として使われている。

72

PARAGRAPH ⑥

◎トピック

アメリカ人は自動車より馬を好んだ。

⑬ (So) it is not hard 【 to understand 【 why most Americans did not see,
S V C
形式主語・to understand 以下が真主語
S′ V′

(as they watched the first few automobiles "speeding" along town streets
S″ V″ O″ C″
現在分詞

(at ten or fifteen miles an hour)), anything 《 to get very excited about 》】】.
O′

(そうすると),【【(アメリカ人が最初の数台の自動車が，町の通りを（時速 10 か 15 マイルの速さで）「疾走する」のを見たとき）に，どうして彼らの大部分が，それをあまり《わくわくする》 もの だとは考えなかったのか】を理解するの】は難しくない。

- why Ｓ Ｖ は「Ｓが Ｖ する理由」「どうして Ｓが Ｖ するのか」という意味の名詞節。
- as Ｓ Ｖ は，Ｓが Ｖ する「ので」「とき」「ように」「につれて」などの多くの意味を持つあいまいな表現。ここでは「とき」の意味で解釈するとよい。またこの副詞節は，カンマとカンマの間にはさまれて挿入されている。

⑭ (To people 《 like farmers 》) it seemed 【 that the car could never take the
S V 形式主語・that 以下が真主語 S′ V′

place of the horse 】.
O′

(《農夫のような》 人々 にとって)【車は決して馬に取って代わることができない】ようだった。

- it seems that Ｓ Ｖ は「Ｓが Ｖ するようだ」という意味の重要構文。

語句

☐ beginning	名 始まり	☐ log	名 丸太
☐ path	名 小道	☐ see	動 考える
☐ stamp	動 踏みつける	☐ speed	動 疾走する
☐ cattle	名 牛	☐ take the place	熟 ～に取って代わる
☐ mud	名 泥	of ～	

⑮ **(** After all **)** the horse had its own power plant, it needed only **【** what was
S① V① O① S② V② O②

grown on the farm **】** and it gave back **(** to the farm **)** the best possible
S③ V③ O③

natural fertilizer.

（結局，）馬は自分の動力装置を持っており，**【**農場で栽培されるもの**】**だけを必要とし，（農場に）考えうる最良の有機肥料を戻してくれた。

- 文中の代名詞 it は the horse を指している。
- the horse，it, it をそれぞれ主語とする 3 つの文は，A, B and C「A と B と C」の ABC それぞれの位置に並列に並べられている。
- what は「……なこと，もの」という意味の関係代名詞で名詞節を作る。

PARAGRAPH 7

◎トピック

優秀で値段が安い自動車の必要性が生じた。

⑯ **(** To overcome this feeling **《** about the horse **》)** an automobile would have
S V

to be more than good — it would have to be easy **(** to operate **)**, easy **(** to
C S V C① C②

mend **)**, able to climb hills and travel over very bad road surfaces.
C③ ⌐— able to が省略

（**《**馬に対する**》** この感情 に打ち勝つためには）自動車はこの上なくよいものでなければならないだろう。（運転すること）が簡単で，**【**修理すること**】**が簡単で，丘を登ることができて，非常に悪い路面の上を進むことができなければならないのだ。

- 文頭の不定詞は「目的」を表す副詞的用法。
- it という代名詞は an automobile を指して使われている。

⑰ **(** Above all **)**, it had to be cheap.
S V C

（何よりも），安くなければならなかった。

PARAGRAPH **8**

◎トピック

モデル T の出現と共に新しい生活様式が到来した。

⑱ The answer came, （ in 1908 ）, in a machine 《 which Henry Ford called his
　　　S　　　V　　　　　　　　　　　　　　　　　　　S′　　　V′

"Model T." 》
　　C′

その答えは《1908 年に》《ヘンリー・フォードが「モデル T」と呼んだ》自動車 に現れた。

- ● which は直前の名詞を説明する形容詞節を作る関係代名詞の目的格。
- ● call O C は「O を C と呼ぶ」という意味。

⑲ 《 With it 》 was born a （ completely ） different way of life.
　　　　　　　　V　　　　S

《それと共に》（まったく）異なる生活様式が生まれた。

- ● この文はもともと，A completely different way of life was born with it. であるが，with it の部分が強調のために文頭に置かれ，動詞と主語の順番が逆転した倒置構文。

語句

☐ after all	熟 結局	☐ able	形 ……することができる
☐ power plant	名 動力装置，発電所		きる
☐ possible	形 可能な	☐ be able to V	熟 V することができる
☐ natural	形 自然の		る
☐ fertilizer	名 肥料	☐ travel	動 進む
☐ overcome	動 打ち勝つ	☐ above all	熟 何よりもまず
☐ more than	熟 この上なく	☐ call O C	動 O を C と呼ぶ
☐ operate	動 運転する	☐ completely	副 まったく
☐ mend	動 修理する	☐ way of life	名 生活様式

速読トレーニング

① Many people believe / that because the automobile /
多くの人々は信じている　　　自動車は

is in such general use / in America / it was invented / in the United States. /
非常に一般的に使用されているので　アメリカで　　それは発明されたと　　アメリカ合衆国で

That is not true. / The gasoline motor-car / that we know /
それは事実ではない　　　ガソリン自動車は　　　私たちが知るような

began in France and Germany. / What Americans did invent / was a method /
フランスとドイツで生まれた　　　アメリカ人が実際に発明したものは　　　方法だった

of manufacturing cars / in such numbers / that in the end / they led the world /
車を製造する　　　　　大変多くの　　　　ついに　　　　世界で首位となった

in production, / producing some seventy-five percent / of all the world's cars. /
生産台数で　　　約75％を製造するまでになったほどの　　　世界のすべての自動車の

② One reason / why motoring began in Europe / and, / at the start, /
１つの理由　　自動車の運転がヨーロッパで始まり　　そして　初期においては

progressed more quickly / there / was that the roads / were so much better. /
より速く進歩した　　　　その地で　　道路が　　　　はるかによかったことであった

In no branch / of social and economic development / was the United States /
いかなる分野にもない　　社会的, 経済的発展における　　　アメリカ合衆国には

so far behind Europe / as in its roads. /
ヨーロッパよりこれほどまでに遅れをとっている　道路の点においてほど

There were a number of reasons / for this. /
多くの理由があった　　　　これには

③ In Europe / the hard base / for thousands of miles / of good highways /
ヨーロッパには　　固い基盤が　　何千マイルもの　　　　優良な幹線道路の

had been laid / by the Romans / hundreds of years before; / it was there, /
敷かれていた　　ローマ人によって　　数百年前に　　　　　そのような基盤が存在し

ready to be / later built up / into fine smooth surfaces / by engineers. /
準備ができていたのだ　後ほど作り替えられる　なめらかな道路面へと　　技術者たちによって

Second, / distances there / were not very great, / and /
第2に　　ヨーロッパでの距離は　　あまり長くはなかった　　また

the large number of towns and villages / all quite near one another /
町や村の数が多かったことが　　　　　　互いにかなり接近した

made roadbuilding economical. /
道路建設を節約させた

④ In the great unpeopled spaces / of the American continent, /
広大な無人地帯では　　　　　アメリカ大陸の

on the other hand, / it was easier and cheaper / to use the rivers and lakes /
一方　　　　　　より簡単でより安く上がった　　　川や湖を使うこと

● 最低１０回は音読しましょう。 ・・・・・・・・・・・・・・・・・・・・・・・・・・▷

and to make canals / or put down railroads. /
そして運河を造ること / あるいは鉄道を敷くことのほうが /

5 American roads / had their beginning / in the paths / used by Indians /
アメリカの道路は / 始まった / 小道から / インディアンによって使われた /

or those stamped out / by cattle. / Most of them / became seas of mud
あるいは踏み固められた小道 / 牛によって / それらの大部分は / 泥の海になった

when it rained, / and could then be used / only if logs had been laid
雨が降ると / そしてそれから使うことができた / 丸太が敷かれた場合にのみ

across them. /
その上に /

6 So / it is not hard / to understand / why most Americans /
そうすると / 難しくない / 理解することは / どうしてアメリカ人の大部分が /

did not see, / as they watched / the first few automobiles /
考えなかったのか / 彼らが見たとき / 最初の数台の自動車が /

"speeding" along town streets / at ten or fifteen miles / an hour, /
町の通りを「疾走する」のを / 10か15マイルの速さで / 時速 /

anything / to get very excited about. / To people like farmers /
ものであると / とてもわくわくするような / 農夫のような人々にとって /

it seemed / that the car could never take the place / of the horse. / After all
ようだった / 車は決して取って代わることができない / 馬に / 結局

the horse / had its own power plant, / it needed / only what was grown
馬は / 自分の動力装置を持っていた / それは必要とした / 栽培されるものだけ

on the farm / and it gave back / to the farm
農場で / そして戻した / 農場に

the best possible natural fertilizer. /
考えうる最良の有機肥料を /

7 To overcome this feeling / about the horse / an automobile /
この感情に打ち勝つためには / 馬に対する / 自動車は /

would have to be more than good / — it would have to be easy to operate, /
この上なくよいものでなければならないだろう / 運転することが簡単で /

easy to mend, / able to climb hills / and travel over
修理することが簡単で / 丘を登ることができて / 進むことができなければならない

very bad road surfaces. / Above all, / it had to be cheap.
非常に悪い路面の上を / 何よりも / 安くなければならなかった

8 The answer came, / in 1908, / in a machine / which Henry Ford called
その答えは現れた / 1908年に / 自動車に / ヘンリー・フォードが呼んだ

his "Model T." / With it / was born / a completely different way of life.
「モデルT」と / それと共に / 生まれた / まったく異なる生活様式が

音読達成シート	日本語付	1	2	3	4	5	英語のみ	1	2	3	4	5

77

UNIT 5

解答と解説

問題：別冊 p.18〜21

■ 解答 ■

1	(1)	イ	(2)	ウ	(3)	オ	(4)	ア
2	オ							
3	(6)	オ	(7)	ウ	(8)	イ		
4	オ							
5	このあらゆる混乱から，2匹の野良犬だけが恩恵を受けた，というのは，彼らは残されたケーキをガツガツと食べたからだ。							
6	(11)	ウ	(12)	エ	(13)	ア		

[解説]

1 熟語や空所とその後の語とのつながりを考えながら適当なものを選ぶ。

(1) もともと get out of 〜は「〜の外に出る」という意味。get out of control で「制御できなくなる」という意味になる。

(2) 文脈上，物事は「うまくいかなくなる」わけだから，肯定の意味を持ったものを選択する。アやエは否定的な意味を持つので消去できる。次に直後に不定詞をとることができ，文意に適合するものを選択すると，choose to V「Vすることを選ぶ」が最も適当だとわかる。

(3) ここでは，ある状況を読者と共に「仮定・想定」しようとしているので，「仮定する」「想定する」という意味を持った suppose を選択すればよい。Let us suppose that S V は「S が V すると想定してみよう」という意味。

(4) 直後に to という前置詞をとる動詞を考えてみる。attend to 〜は「〜に注意を向ける」という意味の重要表現。文意にも最も適している。

78

◆選択肢の和訳

(1) ×ア. 配置する
　　○イ. 制御できなくなる（get out of control で）
　　×ウ. 置く
　　×エ. させる
　　×オ. 切る

(2) ×ア. 拒否する
　　×イ. 移動する
　　○ウ. V することを選ぶ（choose to V で）
　　×エ. 負ける
　　×オ. 生じる

(3) ×ア. 作る
　　×イ. 受け取る
　　×ウ. 発見する
　　×エ. 発明する
　　○オ. 想定する

(4) ○ア. 〜に注意を向ける（attend to 〜で）
　　×イ. 倒れる
　　×ウ. 待つ
　　×エ. 遊ぶ
　　×オ. 話す

2 構文や熟語に注意しながら和訳する。

as if S Vp は「S が V するかのように」という意味の重要構文。this は直前の内容を指している。be enough to V は「V するのに十分だ」という意味。reduce A to B は「A を B の状態にしてしまう」という意味。この文での tears は「涙」，すなわち「泣いている状態」のこと。tear には動詞で「引き裂く」という意味もあるが，この場合は名詞として使われているのでこの意味にはならない。

3 　前後の状況と代名詞に注意して解くとよい。

(6)　初心者であり，パニックに陥って，車を止めた女性は誰か？と考えて選択肢を選ぶとよい。

(7)　女性が車を止めたことにより，次にブレーキを踏んだのは誰か？と考えるとよい。

(8)　ケーキを持っていて，前に投げ出された女性は誰か？と考えるとよい。

　　◆選択肢の和訳
　　ア．夫が夕食に連れてきた３人の客のうちの１人
　　イ．彼の隣に座っていた彼の妻 → (8)
　　ウ．彼女の後続の運転手 → (7)
　　エ．２台の車を所有しているパラマッタにいる人々のうちの１人
　　オ．２台の車のすぐ後ろの女性 → (6)

4 　正解文：It took the police <u>nearly</u> an hour to get (the traffic on the move again.)
〈It takes＋(人)＋時間 to V〉「(人が)V するのに 時間 がかかる」という構文を骨格にして文を組み立てる。nearly は「ほとんど」という意味の副詞で，この文中では almost と同意。

5 　この文の for という接続詞は，for S V という形で「というのも S が V するからだ」という意味で，主文に理由を追加する働きをしている。what は「こと，もの」の意味で使う関係代名詞で，what was left of ～で「残された～」という意味。

6 　問題英文の内容に合うように，適当なものを選ぶ。

(11)　「常に」ひどい状態に至るわけではないので，may sometimes ..... が適当。bring about は cause と同義で「～をもたらす」「～を引き起こす」という意味。

(12)　本文には，「ケーキが空中を飛んでいるのを見て，トラックの運転手は車を止めた」と書いてあるので，それと同じ意味の選択肢を選べばよい。

(13)　「予測できなかった連続した惨事」は「交通渋滞」を引き起こす原因となった。原因 cause 結果 「原因が結果を引き起こす」という流れを当てはめて考える。

◆選択肢の和訳

（11）1つのささいな出来事が悲惨な結果（　　）

×ア．を必ず導くはずだ

×イ．を防ぐことができる

○ウ．を時々引き起こすかもしれない

×エ．の始まりの印であるはずがない

×オ．から利益を得ることができる

（12）トラックは突然止まった（　　）

×ア．前の車にぶつからないために

×イ．その車のそばに止まるために

×ウ．運転手は2匹の野良犬をひきたくなかったので

○エ．運転手は空中を飛んでいるケーキを見たので

×オ．運転手は何百本もの割れた瓶を掃き集めなければならなかったので

（13）思いがけない大惨事の連続が交通渋滞を（　　）

○ア．引き起こした

×イ．発見した

×ウ．取り除いた

×エ．取り除かれた

×オ．引き起こされた

徹底精読

PARAGRAPH ❶

◎トピック

物事は一気にうまくいかなくなることがある。★テーマ★

例：家庭内での連続したトラブル。

① We have (all) experienced days 《 when everything goes wrong 》.
  S   V   O   S'   V'   C'

私たちは《みんな》《すべてがうまくいかないような》日々 を経験したことがある。

● 〈have＋過去分詞形〉は現在完了形で，ここでは「現在までの経験」を表している。

② A day may begin (well enough), but (suddenly) everything seems to get
  S   V   S   V

out of control.
O

1日は《十分順調に》始まるかもしれない，しかし（突然）すべてが思いどおりにいかなく

なるように思えるのだ。

● seem to V は「V するように思える」という意味の重要構文。

③ [What (invariably) happens] is 【that a great number of things choose [to
     関係代名詞   接続詞
     S   V C   S'   V'

go wrong (at precisely the same moment)] 】.
  O'

[（必ず）起こること] は【非常に多くのことが [（まったく同時に）うまくいかなく] なる

ということ】だ。

● what は関係代名詞で「……なこと，もの」という意味になり，名詞節を作る。こ
  の文では文頭の what の節が主語になっている。

● that という接続詞は that S V という形で「S が V するということ」という名詞節
  を作ることができる。この文では that 以下の名詞節の部分が補語となっている。

④ It is as if a single unimportant event set up a chain of reactions.
  形式主語・as if 以下が真主語
  S V   S'   V'   O'

それはまるでたった1つのささいな出来事が連鎖反応を引き起こすかのようである。

● It is as if S V(p) は「まるで S が V するかのようだ」という意味の重要構文で，it は漠然と状況を指す。

接続詞

⑤ Let us suppose 【(that) you are preparing a meal and keeping an eye (on the
                                      S′   V′①   O′①   V′②   O′②

baby) (at the same time)】.

【あなたが食事の準備をしていて，（同時に）《赤ちゃんから》目を離さないでいること】を
想定してみましょう。

● Let us V は「V してみましょう」という意味の表現で，Let's と短縮することもできる。

⑥ The telephone rings and this marks the prelude 《 to an unforeseen series of
    S   V   S   V   O

catastrophes 》.

電話が鳴る，そしてこれが《一連の予期せぬ大惨事への》前兆 を示している。

● and という接続詞が前後の 2 つの文を並べている。
● this という代名詞は，文の前半の内容を指している。

● 語 句

☐ experience	動 経験する	☐ a chain of ＋複数名詞	熟 （〜）の連鎖，一続き（の〜）
☐ go wrong	熟 うまくいかない	☐ let us[let's] V	構 V してみましょう
☐ suddenly	副 突然	☐ suppose	動 想定する
☐ get out of control	熟 思いどおりにいかなくなる	☐ prepare	動 準備する
☐ seem to V	熟 V するように思える	☐ keep an eye on 〜	熟 〜から目を離さずにいる
☐ invariably	副 常に	☐ mark	動 示す
☐ choose to V	熟 V することを選ぶ	☐ prelude	名 前兆
☐ at the same moment	熟 同時に	☐ unforeseen	形 予期しない，思いがけない
☐ precisely	副 まったく，ちょうど	☐ a series of 〜	熟 一連の〜
☐ single	形 たった 1 つの	☐ catastrophe	名 大惨事
☐ unimportant	形 ささいな		

⑦ **(** While <u>you</u> <u>are</u> on the phone **)**, <u>the baby</u> <u>pulls</u> <u>the table-cloth</u> **(** off the
　　　　S′　V′　　　　分詞構文　　　　　　　S　　　V　　　　O　　　　　　分詞構文

table **)**, **(** smashing half your best pots and jars and cutting himself **(** in the

process **))**.

(あなたが電話に出ている間に **)**，赤ちゃんが（テーブルから）テーブルクロスを引きはがし，
(あなたが持っている一番貴重なポットや瓶の半分を壊してしまう，そして（その間に）赤
ちゃんもけがをしてしまう **)**。

> ● while という接続詞は，while S V という形で，「S が V する間」「S が V する一
>   方で」という意味の副詞節を作る。
> ● smashing 〜 と cutting 〜 の部分は分詞構文で，「そして V する」という意味で，
>   付帯状況を意味していると考える。

⑧ <u>You</u> <u>hang up</u> **(** hurriedly **)** and <u>attend</u> to baby, pots and jars, etc.
　 S　　V①　　　　　　　　　　　　　 V②

あなたは **(** 大急ぎで **)** 電話を切り，赤ちゃんや，ポットや瓶などに注意を向ける。

⑨ **(** Meanwhile **)**, <u>the meal</u> <u>gets</u> <u>burnt</u>.
　　　　　　　　　　　　 S　　　V　　 C

(一方で **)** 食事が焦げる。

> ● この文での get は，get C で「C（の状態）になる」という意味で使われている。

⑩ **(** As if this were not enough **(** to reduce you to tears **))**, <u>your husband</u>
　　　　　　S′　　V′　　　　　　　　　　　　　　　　　　　　　 S
　　　　　　　　　　　　　　　　　　　 分詞構文

<u>arrives</u>, **(** unexpectedly **)** **(** bringing three guests **(** to dinner **))**.
　 V

(まるでこれだけでは（あなたを泣きたい気分にさせるのには）不十分だとは言わんばかり
に **)**，夫が **(** 不意に **)** **(** （夕食に）3 人の客を連れて **)** 帰る。

> ● as if S Vp は「まるで S が V するかのようだ」という意味の副詞節を作る重要構文。

PARAGRAPH 2

◎トピック

例：大規模にトラブルが連続したパラマタの事故。

⑪ Things can go wrong **(** on a big scale **)** as a number of people **(** recently **)**
   S   V   C   S′

discovered **(** in Parramatta, **《** a suburb **⟨** of Sydney **⟩》**).
   V′   同格（具体化）

【最近】多くの人々が（**《⟨**シドニーの**⟩** 郊外 の**》** パラマタ で）発見したように，物事は
【大きな規模で】うまくいかないことがある。

● Parramatta の直後のカンマは同格・具体化の働きをしている。

語 句

☐ be on the phone	熟 電話に出ている	☐ burnt	形 焦げた
☐ pull	動 引っ張る	☐ enough to V	熟 V するのに十分な
☐ smash	動 壊す	☐ reduce A to B	熟 A を B の状態に
☐ pot	名 ポット		してしまう
☐ jar	名 瓶	☐ tear	名 涙，泣くこと
☐ cut oneself	熟 けがをする	☐ unexpectedly	副 不意に
☐ in the process	熟 その過程で	☐ bring	動 連れてくる
☐ hang up	熟 電話を切る	☐ on a big scale	熟 大規模に
☐ hurriedly	副 大急ぎで	☐ recently	副 最近
☐ attend to ～	熟 ～に注意を向ける	☐ discover	動 発見する
☐ meanwhile	副 一方で	☐ suburb	名 郊外

⑫ 〘 During the rush hour one evening 〙 <u>two cars</u> <u>crashed</u> (into each other)
　　　　　　　　　　　　　　　　　　　　　S　　　　V

and <u>both drivers</u> <u>began</u> <u>to argue</u>.
　　　S　　　　　V　　　O

《ある晩のラッシュアワーのときに》2 台の車が（お互いに）衝突し，両方の運転手が口論
を始めた。

- each other は「お互い（に）」という意味の代名詞。
- and という接続詞が前後の文を並べて使われている。

⑬ | The woman | 《《(immediately) behind the two cars 》 <u>happened to be</u> <u>a</u>
　　　S　　　　　　　　　　　　　　　　　　　　　　　　　　　V

<u>learner</u>.
　C

《《2 台の車の（すぐ）後ろの》 |女性| は，たまたま初心者だった。

- behind は前置詞で，直前の名詞を修飾する形容詞句を作っている。
- happen to V は「たまたま V する」という意味の重要表現。

⑭ <u>She</u> 〘 suddenly 〙 <u>got into</u> <u>a panic</u> and <u>stopped</u> <u>her car</u>.
　　S　　　　　　　　　　V①　　O①　　　　　V②　　　O②

彼女は《突然》パニック状態になり，車を止めた。

⑮ <u>This</u> <u>made</u> | the driver | 《 following her 》 <u>brake</u> (hard).
　　S　　V　　　　O

このため《彼女の後ろにいた》 |運転手| は（強く）ブレーキを踏んだ。

- この文のように直訳すると不自然な日本語になってしまう無生物を主語とした構文を和訳する場合は，主語を副詞的に，目的語を主語的に訳すとよい。
- this という代名詞は直前の文の内容を指して使われている。
- make 〜 V は「〜に V させる」という意味の原形不定詞の構文。

⑯ | His wife | 《 who sat (beside him) 》 <u>was holding</u> <u>a large cake</u>.
　　S　　　　　　　　　　　　　　　　　　　V　　　　　　O

《《彼の隣に》座っていた》 |彼の妻| は，大きなケーキを持っていた。

- his や him という代名詞は，直前の文の the driver を指している。

⑰ **(** As she was thrown forward **)**, the cake went **(** right through the window **)**
　　　　 S′　V′　　　　　　　　　　　　 S　 V①

and landed **(** on the road **)**.
　　 V②

《彼女が前方にほうり出されたとき**》**，ケーキは**《**窓を通ってまっすぐに**》**飛び，（道路に）落ちた。

● as という接続詞は，as S V という形で「S が V するので[とき][ように][につれて]」という意味で使われる。

　　　　　　　　 分詞構文　　　　　　 現在分詞
⑱ **(** Seeing a cake flying **(** through the air **))**, a truck-driver **《** who was
　　 V′　　 O′　 C′　　　　　　　　　　　　　　　　 S

drawing up **《** alongside the car **》 》**, pulled up **(** all of a sudden **)**.
　　　　　　　　　　　　　　　　　　　 V

《ケーキが（空中を）飛んでいるのを見て**》**，**《《**（その車のそばに）近づいていた**》**トラックの運転手**》**は（突然）車を止めた。

● 文頭の Seeing ..... の部分は分詞構文で，副詞句を作っている。

● **語句**

☐ during ~	前 ~(特定期間)のあるときに	☐ brake	動 ブレーキをかける
		☐ beside ~	前 ~のそばに，隣に
☐ crash into ~	熟 ~に衝突する	☐ hold	動 持つ
☐ argue	動 口論する	☐ throw	動 ほうる
☐ immediately	副 すぐ	〈throw-threw-thrown〉	
☐ behind	前 ~の後ろに[の]	☐ forward	副 前方に
☐ happen to V	熟 たまたまVする	☐ right	副 まっすぐに
☐ learner	名 初心者	☐ land	動 地面に落ちる
☐ get into a panic	熟 パニック状態になる	☐ draw up	熟 近づく
☐ make ~ V (原形不定詞)	動 ~にVさせる	☐ alongside	前 ~のそばに
		☐ pull up	熟 車を止める
☐ follow	動 後ろに続く	☐ all of a sudden	熟 突然

⑲ The truck was loaded (with empty beer bottles) and hundreds of them slid
　　S　　　　V　　　　　　　　　　　　　　　　　　　　　　　　　　　　　S　　　V

《 off the back 《 of the vehicle 》》 and (on to the road).

トラックは，（空のビール瓶を）どっさり乗せていた，そして何百本もの瓶が《《車の》荷台
から》（道の上に）滑り落ちた。

> ● them という代名詞は bottles という直前の名詞を指して使われている。

⑳ This led to yet another angry argument.
　　S　　V

このことによって，さらにまた怒りに満ちた議論が起こった。

> ● this という代名詞は，直前の文の内容を指している。
> ● another の直前の yet は「さらに」という意味。

㉑ (Meanwhile), the traffic piled up (behind).
　　　　　　　　　　　　　S　　　　V

（その間に），交通が（後ろで）停滞した。

形式主語・to 以下が真主語
㉒ It took the police (nearly) an hour 【 to get the traffic on the move
　　S　　V　　　O　　　　　　　　　　O

(again) 】.

警察が【（再び）車を流れるようにする】のに（ほぼ）1 時間かかった。

> ● It は形式主語で，直後の名詞的用法の不定詞を指している。
> ● It takes＋人＋時間＋to V〉は「人が V するのに時間がかかる」という意味の
> 　重要構文。

㉓ **(** In the meantime **)**, the truck-driver had to sweep up hundreds of broken
　　　　　　　　　　　S　　　　　　　　　　V　　　　　　　　　O

bottles.

(その間に**)**，トラックの運転手は何百本もの割れた瓶を掃き集めなければならなかった。

● hundreds of ～s は不特定多数を表し，「何百もの～」という意味になる。

㉔ Only two stray dogs benefited **(** from all this confusion **)**, for they **(** greedily **)**
　　　 S①　　　　V①　　　　　　　　　　　　　　　　　　S②

ate **【** what was left of the cake **】**.
V②　　　　　　O

(このあらゆる混乱から**)**，2匹の野良犬だけが恩恵を受けた，というのは，彼らは**【**残され
たケーキ**】**を（ガツガツと）食べたからだ。

● for という接続詞は直前の文に対する理由を付け加える場合に使われ，「というのも
S は V するからだ」という意味になる。

●語句

☑ load	動 荷をいっぱいに積む	☑ behind	副 後ろに[で]
☑ slide	動 滑り落ちる	☑ nearly	副 ほぼ
〈slide-slid-slid〉		☑ on the move	熟 進行して
☑ vehicle	名 車	☑ in the meantime	熟 その間に
☑ lead to ～	熟 ～につながる	☑ sweep up	熟 掃き集める
☑ yet	副 さらに	☑ stray dog	名 野良犬
☑ argument	名 口論	☑ benefit	動 恩恵を受ける
☑ meanwhile	副 その間に	☑ confusion	名 混乱
☑ traffic	名 交通	☑ for	接 というのは
☑ pile up	熟 山積みになる	☑ greedily	副 ガツガツと

速読トレーニング 速読トレーニング

1 We have all experienced / days / when everything goes wrong. / A day /
私たちはみんな経験したことがある　　日々を　　すべてがうまくいかないような　　1日は

may begin well enough, / but suddenly
十分順調に始まるかもしれない　　しかし突然

everything seems / to get out of control. / What invariably happens /
すべてが思える　　うまくいかないように　　必ず起こることは

is that a great number of things / choose to go wrong /
非常に多くのことが　　うまくいかなくなるということだ

at precisely the same moment. / It is as if / a single unimportant event
まったく同時に　　それはまるで　　たった1つのささいな出来事が

set up / a chain of reactions. / Let us suppose
引き起こすかのようである　　連鎖反応を　　想定してみましょう

that you are preparing a meal / and keeping an eye on the baby
あなたが食事の準備をしていて　　そして赤ちゃんから目を離さないでいることを

at the same time. / The telephone rings / and this / marks the prelude
同時に　　電話が鳴る　　そしてこれが　　前兆を示している

to an unforeseen series of catastrophes. / While you are on the phone,
一連の予期せぬ大惨事への　　あなたが電話に出ている間に

the baby / pulls the table-cloth / off the table,
赤ちゃんが　　テーブルクロスを引きはがす　　テーブルから

smashing half your best pots and jars / and cutting himself / in the process.
あなたが持っている一番貴重なポットや瓶の半分を壊してしまう　　そして赤ちゃんもけがをする　　その間に

You hang up / hurriedly / and attend to baby, / pots and jars, etc.
あなたは電話を切る　　大急ぎで　　そして赤ちゃんに注意を向ける　　ポットや瓶などに

Meanwhile, / the meal gets burnt. / As if this / were not enough
一方で　　食事が焦げる　　まるでこれだけでは　　不十分だと言わんばかりに

to reduce you to tears, / your husband arrives, / unexpectedly
あなたを泣きたい気分にさせるのには　　夫が帰る　　不意に

bringing three guests / to dinner.
3人の客を連れて　　夕食に

2 Things can go wrong / on a big scale / as a number of people /
物事はうまくいかないことがある　　大きな規模で　　多くの人々が

recently / discovered in Parramatta, / a suburb of Sydney.
最近　　パラマタで発見したように　　シドニーの郊外の

During the rush hour / one evening / two cars / crashed into each other
ラッシュアワーのときに　　ある晩の　　2台の車が　　お互いに衝突した

and both drivers / began to argue. / The woman
そして両方の運転手が　　口論を始めた　　女性は

immediately behind the two cars / happened to be a learner. / She /
2台の車のすぐ後ろの　　　　　たまたま初心者だった　　　　彼女は

suddenly / got into a panic / and stopped her car. / This made the driver /
突然　　　パニック状態になった　　そして車を止めた　　　このため運転手は

following her / brake hard. / His wife / who sat beside him / was holding /
彼女の後ろにいた　強くブレーキを踏んだ　彼の妻は　彼の隣に座っていた　　持っていた

a large cake. / As she was thrown forward, / the cake went / right /
大きなケーキを　　彼女が前方にほうり出されたとき　　ケーキは行った　　まっすぐに

through the window / and landed on the road. / Seeing a cake /
窓を通って　　　　　　そして道路に落ちた　　　　ケーキを見たので

flying through the air, / a truck-driver / who was drawing up /
空中を飛んでいるのを　　トラックの運転手は　　近づいていた

alongside the car, / pulled up / all of a sudden. / The truck was loaded /
その車のそばに　　　車を止めた　　突然　　　　　トラックはどっさり乗せていた

with empty beer bottles / and hundreds of them / slid off the back /
空のビール瓶を　　　　　そして何百本もの瓶が　　荷台から滑り落ちた

of the vehicle / and on to the road. / This led /
車の　　　　　　道の上に　　　　　このことによって起こった

to yet another angry argument. / Meanwhile, / the traffic / piled up /
さらにまた怒りに満ちた議論が　　その間に　　交通が　　停滞した

behind. / It took the police / nearly an hour / to get the traffic /
後ろで　　警察にはかかった　　ほぼ1時間　　　交通を

on the move / again. / In the meantime, / the truck-driver /
進行させるまで　再び　　その間に　　　　トラックの運転手は

had to sweep up / hundreds of broken bottles. / Only two stray dogs /
掃き集めなければならなかった　何百本もの割れた瓶を　　2匹の野良犬だけが

benefited / from all this confusion, / for / they greedily ate /
恩恵を受けた　このあらゆる混乱から　　というのは　彼らはガツガツと食べたからだ

what was left / of the cake.
残されたものを　　ケーキの

■ 解答 ■

1	(a)	**(エ)**	(b)	**(ウ)**	(c)	**(ア)**	(d)	**(イ)**
2	(A)	**(エ)**	(C)	**(ウ)**	(D)	**(イ)**		
3	(B)	**(ウ)**			(F)	**(オ)**		

4	即座の決断をする必要性によってもたらされる問題に対する最高の解決法は，警察官の訓練を改善することであろう。

5	**(ア)**	6	**(エ)**

7	(1)	**(イ)**	(2)	**(ア)**	(3)	**(ア)**
	(4)	**(イ)**	(5)	**(ア)**		

［ 解説 ］

1 空所の前後の意味に注意して，適切なものを選ぶ。

(a) The wrong から始まる次の文で示されているように，警察官がトラブルを招くような間違った決断をしたくないと思うのは，「当然」であると考える。運の善し悪しはこの文脈とは関係ない。

◆選択肢の和訳
　　×(ア) 親切に　　×(イ) 幸運にも　　×(ウ) 不運にも　　○(エ) 当然

(b) on foot は「徒歩で，足で」という意味の重要イディオム。

◆選択肢の和訳
　　×(ア) ~で　　×(イ) ~のために　　○(ウ) 歩いて（on foot で）　　×(エ) ~の中に

(c) 警察官が発砲「しなかった」場合にどうなるかを考える。この文脈では悪い状況を想定しているので，fail to V「V できない」という表現を選べばよい。

◆選択肢の和訳
○ (ア) V できない（fail to V で）　　×(イ) 成功する
×(ウ) 努力する　　　　　　　　　　×(エ) 期待する

(d) through という前置詞は「手段・媒介」を表し，「～を通じて」「～によって」という意味で使うことができる。

◆選択肢の和訳
×(ア) ～へ　　○(イ) ～によって　　×(ウ) ～について　　×(エ) にもかかわらず

2 表現自体を知らない場合でも，文脈から意味を想像することが重要。選択肢を 1 つずつ文脈に当てはめて，最も適合するものを選択すればよい。

(A) on the spot は「即座の」という意味のイディオム。この場合はハイフンで合成された形容詞として使われている。

(C) off the hook は「窮地を脱して」という意味。下線部を直訳すると「自分自身を窮地を脱した状態にする」となる。これに最も近いものを選べばよい。

(D) stick one's neck out は「あえて危険に身をさらす」という意味のイディオム。「首を突き出す」という原義をこの文脈に照らして，警察官がいらだちをおぼえるのは，どのような人々に対してなのか？と考えてみるとよい。

3 構文などに注意して，適切な文を組み立てる。

(B) 正解文：asking a superior which course of action is best
superior は「上司」という意味の名詞。ask A B は「A に B を尋ねる」という意味。which は直後に名詞を伴い，which ～という形で「どの～」という意味の疑問詞句[節]を作る。

(F) 正解文：the better he will be able to make the right decision
〈the＋比較級＋S1 V1, the＋比較級＋S2 V2〉は「…に S1 が V1 すればするほど，より…に S2 が V2 する」という意味の，比較の重要構文。この並べ換えは，直前の the more ..... という〈the＋比較級〉に対応して，〈the＋比較級〉の形で始めるとよい。

4 この文全体の主語は The best solution，述語動詞は would be。the need for ～は「～の必要性」という意味。to improve ..... は名詞的用法の不定詞で，この文の補語となっている。

5 本文の内容との一致，不一致の理由は次のとおり。

○（ア）第1パラグラフの内容と合致する。

×（イ）第2パラグラフの内容に，警察官は銃を使うかどうかの葛藤に直面するとある。この選択肢は「銃を使うべきではない」と断定しているので本文と矛盾する。

×（ウ）新聞に対してどのような態度で警官が接するかを筆者が示している箇所はないので，誤り。

×（エ）本文の最後に訓練のもたらすであろう効果が示されている。また，現場と訓練を直接比較した箇所はないので，どちらから多く学習できるかは本文からはわからない。

◆選択肢の和訳
　○（ア）警察官はしばしば十分に考える時間を持てないうちに行動することを要求される。
　×（イ）警察官はたとえ自分は撃たれても，混雑した通りでは拳銃を使うべきではない。
　×（ウ）警察は新聞が自分たちについて書いていることにあまり注意を払う必要はない。
　×（エ）警察官は訓練からよりも「現場」にいるときにはるかに多くのことを学ぶ。

6　本文第1パラグラフの第1文で示されている「現場での決断を迫られるのが警察官の最も大変な仕事の1つである」というのが本文のテーマ。以下の部分はこの内容を具体化したり，様々な視点から検証したりしている。本文全体の主題として適当なのは，これと合致している(エ)のみ。

◆選択肢の和訳
　×（ア）最強の警察官を訓練すること
　×（イ）警察官の選択，犯罪者の選択
　×（ウ）報道機関と警察官の仕事
　○（エ）意思決定における警察官にとっての葛藤

7　問題となっている単語の発音は以下の通り。

(1) superior [səpíəriər]

(2) injury [índʒəri]

(3) criminal [krímənəl]

(4) endanger [indéindʒər]

(5) excellent [éksələnt]

◆選択肢の和訳
　(1) 上司
　(2) 負傷
　(3) 犯人
　(4) 危険にさらす
　(5) すぐれた

徹底精読

PARAGRAPH ①

◎トピック

警察官には現場で即断しなければならないという厳しい任務がある。

★ テーマ ★

① One 《 of the toughest aspects 〈 of the policeman's job 〉 》 is the fact 《 that
　S　　　　　　　　　　　　　　　　　　　　　　　　　　　V　　C
　　　　　　　　　　　　　　　　　　　　　　　　　　　　　　　同格の接続詞

he must make on-the-spot decisions 》.
S　　V　　　　　O

《〈警察官の仕事の〉 最も難しい局面 の》 1つ は，《即座の決断をしなければならないとい
う》 事実 である。

● that は同格の働きをしていて，直後の文が直前の fact の内容説明となっている。

② He must make up his mind ("right now") (without the luxury 《 of
　S　　V　　　　　　　　O

【 thinking (for too long) 】, 【 looking up information (in a book) 】, or
　　　　　　A　　　　　　　　　　　　　　　　　B

【 asking a superior 〔 which course of action is best 〕 】 》).
　　　　　　　　　C

彼は (《《【(かなり長い間) 考えたり】，【 (本で) 情報を調べたり】，あるいは【〔どの行動方
針が最もよいか〕を上司に尋ねたりする】という》 余裕 などなく)，(「即座に」) 決心しな
ければならない。

● luxury の直後の of は同格の用法で使われていて，直後の動名詞の部分が，luxury
という名詞の内容の説明となっている

● thinking ..... と looking ..... と asking ..... という動名詞の句が A, B, or C（A，
B，または C）という形で並べられ，すべて of の目的語になっている。

語句

□ tough	形 難しい	□ right now	熟 すぐに
□ aspect	名 局面	□ luxury	名 余裕
□ on-the-spot	形 即座の	□ look up	熟 調べる
□ make up one's mind	熟 決心する	□ superior	名 上司
		□ course of action	熟 行動方針

95

③ The policeman is under real pressure; pressure 《 which he can't avoid 》.
　　S　　　　　V　　　　　　　　　　　　　　　　　　　　　　S'　　V'

警察官は本当のプレッシャーにさらされている。《避けられない》 プレッシャー に。

- be under ～は「～の影響を受けている」という意味の重要表現。
- セミコロン（；）は，pressure という名詞を別の表現でもう1度言い換えるために使われている。

④ The conflict occurs 《 when some situation requires a decision 《 which isn't
　　S　　　　V　　　　　　　　　S'　　　　　V'　　　O'　　　　　V'

easy 》）; (naturally), he would prefer not to have to commit himself to an
C'　　　　　　　　　　　　　S　　　V　　　　　　　O

action 《 which may prove wrong 》.
　　　　　　　V'　　　C'

《ある状況が《容易ではない》 決断 を必要とするとき》，葛藤が生じる。(当然)，彼は〈誤りだと判明するかもしれない〉 行動 に身をゆだねなくてすむことのほうを好むだろう。

- some situation ..... のように，単数形の名詞の前に some が置かれているときは「何らかの～」「ある～」という意味になる。
- prefer not to have ..... のように，不定詞(to V)の否定形は not を直前に置き，not to V という形になる。

⑤ The wrong decision can lead to troubles 《 like being (severely) criticized
　　S①　　　　　　V①　　　　　　　　　　　　動名詞

(by his superior) 》, or it can lead to unnecessary injury or death.
　　　　　　　　　　　　S②　V②

間違った判断は，《(上司によって)(厳しく)批判されるというような》 トラブル をもたらすことがある，あるいは無用の負傷や死をもたらすことがある。

- like は「～のような」という意味の前置詞で，直前の名詞を修飾する前置詞句を作っている。
- 〈being＋Vpp〉は受動態の動名詞で，「V されること」という意味になる。

PARAGRAPH 2

◎トピック

例：逃走中の武装した強盗に対して発砲すべきか。

⑥ Take, 〖 for example 〗, the case 〘 of the policeman 〘 pursuing an armed
　　V　　　　　　　　　　　　　O

robber 〖 on foot 〗（ in a crowded downtown street ）〙〙.

〖たとえば〗，〘〘（混雑した繁華街の通りで）〖歩いて〗武装した強盗を追いかけている〙警
察官 の〙 事例 を取り上げよう。

● 文頭の Take は「（例として）取り上げる」という意味。普通，命令文で用いられる。
● for example という副詞句が，カンマとカンマに挟まれて挿入されている。

語句

☐ be under ～	熟 ～の影響を受けている	☐ lead to ～	熟 ～をもたらす
☐ pressure	名 プレッシャー	☐ trouble	名 トラブル
☐ avoid	動 避ける	☐ severely	副 厳しく
☐ conflict	名 葛藤	☐ criticize	動 批判する
☐ occur	動 生じる	☐ unnecessary	形 無用の
☐ situation	名 状況	☐ injury	名 負傷
☐ require	動 必要とする	☐ take	動 （例として）取り上げる
☐ naturally	副 当然，必然的に	☐ for example	熟 たとえば
☐ prefer to V	熟 V するほうを好む	☐ case	名 事例
☐ have to V	熟 （否定文で）V しなくともよい	☐ pursue	動 追いかける
☐ commit oneself to ～	熟 ～に身をゆだねる	☐ armed	形 武装した
		☐ robber	名 強盗
☐ prove	動 ……であることがわかる	☐ crowded	形 混雑した
		☐ downtown	形 繁華街の

⑦ The criminal fires 〔 on the officer 〕, but should the officer return the fire?
　　　　　S① 　V① 　　　　　　　　　　　　　　　　　　　S② 　V② 　O②

犯人は〔警察官に〕発砲するが，警察官は応戦すべきだろうか。

⑧ 〔 If he does 〕, he may endanger the lives 《 of the fleeing citizens 》.
　　　 S′ V′　　　S 　　V　　　　O

　　　　　　　　　　　代動詞

〔もし彼が応戦したら〕，彼は《逃げる市民たちの》生命 を危険にさらすかもしれない。

● does は代動詞で，直前の文の return the fire の反復を避けて使われている。

⑨ 〔 If he doesn't 〕, he may fail to arrest the criminal, or he may himself get shot.
　　　 S′ V′　　　S① 　V①　　　　　　　　　　　　 S② 　　　　　　　 V②

　　　　　　　　　　　代動詞

〔もし彼が応戦しなければ〕，彼は犯人を逮捕できないかもしれないし，彼自身が撃たれるか
もしれない。

● doesn't の直後には，return the fire が省略されていると考えるとよい。
● 〈get＋Vpp〉は，「V される」という受動態。

⑩ Assume 【 the officer decides 【 to return the fire 】】; assume 【 the robber is
　　 V 　　　O 　　S′ 　　V′ 　　　　 O′ 　　　　　　　　　 V 　　 O 　　S′①

　　　　　　接続詞 that が省略　　　　　　　　　　　接続詞 that が省略

captured but some bystander is 〔 also 〕 wounded 】.
　　V′① 　　　　　S′② 　　　　　　　　　　V′②

【警察官が［応戦すること］を決断する】と仮定してください。【強盗は逮捕されるが，かな
りの見物人〔もまた〕負傷する】と仮定してください。

● この文は動詞の原形で始まる，読者に問いかけている命令文。
● some が単数可算名詞を修飾すると，「かなりの」などの意味になる。

⑪ The newspapers will 〔 no doubt 〕 bring pressure 〔 on the so-called "wild
　　　S　　　　　　　　　　　　　　 V　　　　　 O

West" ways 《 of the police force 》〕.

新聞は〔おそらく〕（《警察権力による》いわゆる「西部劇」方式 に）圧力をかけるだろう。

● wild West は，開拓時代の米国西部の辺境地帯。

98

PARAGRAPH 3

◎トピック

警察官は災害の中からの選択を行わなければならない。

⑫ **(Usually)**, the officer has no truly excellent alternatives; most of the on-the-
  　　　　　　　　　 S 　　　**V** 　　**O** 　　　　　　　　　　　　　**S**

spot decisions **《 he must make 》** are(like) the example: a choice **《 of evils 》**.
  　　　　　　　　　　　　　　　　 V 　前置詞

(普通)，警察官には，本当にすぐれた選択肢などないのだ。**《彼がしなければならない》** 即
時の決断の大部分 は，上記の実例のようなものだ。すなわち **《災害の》** 選択 なのである。

- 〈no＋名詞〉で「まったく～がない」という，その名詞が存在しないことを意味する否定文を作ることができる。
- decisions の直後には目的格の関係代名詞 which が省略されている。
- the example の the という定冠詞は，上で述べたので，「読者がすでに知っている」ということを示している。

●語句

☐ criminal	图 犯人	☐ fire	图 発砲
☐ fire	動 発砲する	☐ capture	動 逮捕する
☐ officer	图 警察官	☐ bystander	图 見物人
☐ return ～	動 （受けたものを）～で返す	☐ wounded	形 負傷した
		☐ no doubt	熟 おそらく
☐ endanger	動 危険にさらす	☐ bring	動 持ってくる，もたらす
☐ flee	動 逃げる		
☐ citizen	图 市民	☐ so-called	形 いわゆる
☐ fail to V	熟 V できない，V しそこなう	☐ force	图 力
		☐ usually	副 普通
☐ arrest	動 逮捕する	☐ truly	副 本当に
☐ shoot 〈shoot-shot-shot〉	動 撃つ	☐ excellent	形 すぐれた
		☐ alternative	图 代案，選択肢
☐ assume	動 仮定する	☐ choice	图 選択
☐ decide	動 決断する	☐ evil	图 災害，弊害

99

⑬ No wonder 【 the policeman is in conflict （ from the pressure 《 to choose
　　　　　　　　　　　S　　　　　V

one evil 《 through a quick decision 》》 and his real desire 〈 to get himself

off the hook （ by avoiding the issue ）〉》】.

【警察官には，（《（すばやい決断で）1 つの災害を選択するという》プレッシャー と，〈（そ
の問題を避けることによって）窮地から脱したいという〉彼の本当の願望 から，）葛藤が生
じる】のは不思議ではない。

> ● No wonder S V は「S が V するのは不思議ではない」という意味で，It is no
> wonder that S V という構文の It is と that が省略されたもの。

PARAGRAPH 4

◎トピック

決断から生じる緊張感が他の関係者との摩擦を生む。

⑭ （ Because the officer is （ always ）（ on the hot spot ） and has to make
　　　　　　　　　　S′　　V′①　　　　　　　　　　　　　　　　　　　V′②

choice-of-evil decisions ）, he may （ also ） feel irritated （ with people
　　　　O′②　　　　　　　　　　S　　may　　also　feel　　C

《 who don't have to stick their necks out 》）.

（警察官は（常に）（現場にいる）し，災害を選択するという決断をしなければならないので），
彼は（また），（《あえて危険に身をさらす必要のない》人々 に）いらだちを感じるかもしれ
ない。

> ● 文頭の Because は「S が V するので」という意味で，主節の文の理由を表す副詞
> 節を作っている。

⑮ This understandable impatience 《 with the luckier people 〈 who don't work
   S

《 under such pressure 》〉》 can (actually) lead to troubles 《 between
                                                V

policemen and others 〈 with whom they must work 〉, 〈 such as lawyers,

judges, doctors and the like 〉》.

《〈(そのような緊迫した状況下で)働かなくてよい〉より幸運な人々 に対する》この当然
のいらだち は,《警察官と〈警察官と一緒に仕事をしなければならない〉〈弁護士，判事，
医者など〉, 他の人たち との間の》もめ事 を (実際に) もたらすこともある。

●〈前置詞＋名詞〉は直前の名詞を修飾する形容詞句を作ることができる。
●such as は直前の名詞に対する具体例を示す場合に使われる。ここでは others に
  対する具体例を挙げている。

● 語 句

☐ no wonder S V	構 S が V するのは不思議ではない	☐ irritated	形 いらいらした
☐ choose	動 選択する	☐ stick one's neck out	熟 あえて危険に身をさらす
☐ quick	形 即座の	☐ understandable	形 理解できる
☐ real	形 本当の	☐ impatience	名 いらだち
☐ desire	名 願望	☐ actually	副 実際に
☐ get ～ off the hook	熟 ～を窮地から救い出す	☐ lawyer	名 弁護士
☐ issue	名 問題	☐ judge	名 判事
☐ hot spot	名 現場	☐ ～ and the like	熟 ～など

◎トピック

訓練の向上を通じて自信のある決断ができるようになる。

⑯ The best solution ❰ for the problem ❰ caused by the need ❰ for on-the-spot
　　　S

decisions ❱❱❱ would be 【 to improve police training 】.
　　　　　　　 V　　　　　　　 C

《《《即座の決断をする》必要性 によってもたらされる》問題 に対する》最高の解決法 は，
【警察官の訓練を改善すること】であろう。

● would や could などの過去形の助動詞（ここでは would）は，「……だろう」とい
　う推量の意味で使われることもある。

⑰ The job can't be changed, but the more knowledge and experience the officer
　　S　　　 V　　　　　　　　　　　　　　O①　　　　　　　 S①
　　　　　　　　　　　　　　　　　　　　　　　　　　　　　　（S1）

can bring ❰ to the "hot spot," ❱ the better he will be able to make the right
V①　　　　　　　　　　　　　　　　　　 S②　　 V②　　　　　　　 O②
（V1）　　　　　　　　　　　　　　　　　（S2）　（V2）

decision.

その仕事を変えることはできない，しかし，警察官がより多くの知識や経験を（「現場」に）
持ち込むことができればできるほど，より周到に正しい決断をすることができるであろう。

● but という接続詞が，前後の文を並べる働きをしている。
● 〈the＋比較級＋S1 V1, the＋比較級＋S2 V2〉という構文は「比例」を表し，「…
　に S1 が V1 すればするほど，より…に S2 は V2 する」という意味になる。

⑱ Thorough training can make the policeman more confident **(** of **【** making
　　S　　　　　　　　V　　　 O　　　　　　　 C　　　　　　　　　　　　　動名詞

correct decisions **】)**.

徹底した訓練によって，警察官は**（【**正しい決断をすること**】**に関して**）**より大きな自信を
持つことができるのだ。

● この文は直訳すると不自然な日本語になる「無生物主語構文」。主語の部分を副詞的
　に，目的語の部分を主語的に訳すと，こなれた日本語になる。
● make O C は，「O を C にする」という意味。

☐ solution	图 解決法	☐ experience	图 経験
☐ cause	動 引き起こす	☐ thorough	形 徹底的な
☐ improve	動 改善する	☐ confident	形 自信を持った
☐ knowledge	图 知識	☐ correct	形 正しい

速読トレーニング

① One of the toughest aspects / of the policeman's job / is the fact /
最も難しい局面の1つは　　　　　　警察官の仕事の　　　　　　　事実である

that he must make / on-the-spot decisions. / He must make up his mind /
しなければならないという　　　即座の決断を　　　　　　彼は決心しなければならない

"right now" / without the luxury / of thinking for too long, /
「即座に」　　　　余裕などなく　　　　　かなり長い間考える

looking up information / in a book, / or asking a superior /
情報を調べたり　　　　　　本で　　　あるいは上司に尋ねたりするという

which course of action / is best. / The policeman / is under real pressure; /
どの行動方針が　　　　　最もよいかを　　警察官は　　本当のプレッシャーにさらされている

pressure / which he can't avoid. / The conflict occurs /
プレッシャーに　　避けられない　　　　葛藤が生じる

when some situation / requires a decision / which isn't easy; / naturally, /
ある状況が　　　　　決断を必要とするとき　　容易ではない　　　　当然

he would prefer / not to have to commit himself / to an action /
彼は好むだろう　　身をゆだねなくてもすむことのほうを　　行動に

which may prove wrong. / The wrong decision / can lead / to troubles /
誤りだと判明するかもしれない　　間違った判断は　　もたらすことがある　トラブルを

like being severely criticized / by his superior, / or it can lead /
厳しく批判されるというような　　上司によって　　あるいはもたらすことがある

to unnecessary injury or death. /
無用の負傷や死を

② Take, / for example, / the case / of the policeman /
取り上げよう　　たとえば　　　事例を　　　警察官の

pursuing an armed robber / on foot / in a crowded downtown street. /
武装した強盗を追いかけている　　歩いて　　　混雑した繁華街の通りで

The criminal / fires on the officer, / but should the officer / return the fire? /
犯人は　　　　警察官に発砲する　　　しかし警察官は　　　　応戦すべきだろうか

If he does, / he may endanger / the lives / of the fleeing citizens. /
もし彼が応戦したら　彼は危険にさらすかもしれない　生命を　　逃げる市民たちの

If he doesn't, / he may fail to arrest / the criminal, /
もし彼が応戦しなければ　　逮捕できないかもしれない　　犯人を

or he may himself get shot. / Assume / the officer /
あるいは彼自身が撃たれるかもしれない　仮定してください　警察官が

decides to return the fire; / assume / the robber / is captured /
応戦することを決断すると　　仮定してください　強盗は　　逮捕される

but some bystander / is also wounded. / The newspapers /
しかしかなりの見物人　　もまた負傷すると　　　新聞は

will no doubt bring pressure / on the so-called "wild West" ways /
おそらく圧力をかけるだろう／いわゆる「西部劇」方式に

of the police force. /
警察権力による

3 Usually, / the officer / has no truly excellent alternatives; /
普通／警察官には／本当にすぐれた選択肢などないのだ

most of the on-the-spot decisions / he must make / are like the example: /
即時の決断の大部分は／彼がしなければならない／上記の実例のようなものだ

a choice of evils. / No wonder / the policeman / is in conflict /
すなわち災害の選択なのである／不思議ではない／警察官に／葛藤が生じるのは

from the pressure / to choose one evil / through a quick decision /
圧迫感から／1つの災害を選択するという／すばやい決断で

and his real desire / to get himself off the hook / by avoiding the issue. /
そして彼の本当の願望から／窮地から脱したいという／その問題を避けることによって

4 Because the officer / is always on the hot spot / and has to make /
警察官は／常に現場にいる／そしてしなければならないので

choice-of-evil decisions, / he may also feel irritated / with people /
災害を選択するという決断を／彼はまたいらだちを感じるかもしれない／人々に

who don't have to / stick their necks out. / This understandable impatience /
必要のない／あえて危険に身をさらす／この当然のいらだちは

with the luckier people / who don't work / under such pressure /
より幸運な人々に対する／働かなくてよい／そのような緊迫した状況下で

can actually lead / to troubles / between policemen and others /
実際にもたらすこともある／もめ事を／警察官と他の人たちの間の

with whom they must work, / such as lawyers, judges, doctors / and the like. /
警察官と一緒に仕事をしなければならない／弁護士や判事, 医者／などのような

5 The best solution / for the problem / caused by the need /
最高の解決法は／問題に対する／必要性によってもたらされる

for on-the-spot decisions / would be to improve / police training. / The job /
即座の決断をする／改善することだろう／警察官の訓練を／その仕事を

can't be changed, / but / the more knowledge and experience / the officer /
変えることはできない／しかし／より多くの知識や経験を／警察官が

can bring / to the "hot spot," / the better /
持ちこむことができればできるほど／「現場」に／より周到に

he will be able to make / the right decision. / Thorough training /
することができるだろう／正しい決断を／徹底した訓練によって

can make the policeman more confident / of making correct decisions.
警察官はより大きな自信を持つことができるのだ／正しい決断をすることに関して

■ 解答 ■

1	ウ	2	ア
3	ア	4	エ
5	ア	6	ウ
7	イ		

8	演じたいということに対するあなた自身の理由を言葉にすることは，しばしばとても難しい。

| 9 | イ | | |

[解説]

1 この文での supply「供給」というのは働きたい役者のこと。demand「需要」とは働く場所，つまり勤め口のこと。この内容に適合するのはウのみ。一般に，供給（supply）が需要（demand）より大きい場合には，供給されるものや人が多すぎて，余ってしまうことが考えられる。もちろん就職は競争率が高くなり困難となる。

2 oppositely は「反対に」という意味だが，これは直前の内容に対して逆の方法であると考えられる。直前には友人が you're crazy「あなたは気がふれている」と言うと書いてあるので，その逆にあたる肯定的なものを選べばよい。

◆選択肢の和訳
　○ア．すっかりあなたに同意する
　×イ．断固としてあなたを無視する
　×ウ．思う存分あなたをあざ笑う
　×エ．猛烈にあなたに反対する

3 ambition「野望」を realize「実現する」というのは，言い換えると achieve「達成する」となる。

◆選択肢の和訳
　○ア．達成する
　×イ．持続する
　×ウ．示す
　×エ．理解する

4 make one's way には「成功する」「出世する」という意味がある。選択肢の中でこれに最も近いのは succeed「成功する」。

◆選択肢の和訳
　×ア．参加する
　×イ．仕事を探す
　×ウ．役を演じる
　○エ．成功する

5 the former / the latter という表現は，「前者／後者」という意味で，直前に出てきた 2 つの組になった名詞や内容を指す。この場合，直前には skill plus imagination とあるので，後者にあたる imagination が正解。the former と the latter は，本文のようにどちらか単独でも使われることがある。

◆選択肢の和訳
　○ア．想像力
　×イ．生まれつきの能力
　×ウ．生まれつきの能力と想像力
　×エ．生まれつきの能力あるいは想像力

6 第 5 パラグラフには「劇場における客との接触こそが，すべての役者を演じることへと駆り立てる」とあるので，この内容を表しているウが正解。

◆選択肢の和訳
　5 番目の段落によると，＿＿＿＿＿＿＿＿＿＿＿＿＿＿＿＿＿＿＿＿＿＿＿．
　×ア．俳優は，俳優になりたいというもっともな理由を常に持っている
　×イ．舞台の上の俳優にとって，役をうまく演じることが重要である
　○ウ．すべての俳優は，観客と触れ合いたいという願望によって演じることへと駆り立てられる
　×エ．多くの俳優たちが，いつか大勢の観客の前で主役を演じることを夢見ている

7 But の直後に述べられている部分が，このパラグラフのトピックとなる。このように逆接の接続詞や接続副詞の直後では，作者の主張が述べられることが多い。このパラグラフの論点は，「役者は自分の仕事が不安定なものだと自覚している」ということ。これに合致するのはイのみ。

◆選択肢の和訳
「最後の段落は何について論じているか」
× ア．成功した俳優は成功の秘訣を知っているが，仕事上で誰にもそれを明らかにしない。
○ イ．成功した俳優は，なぜ自分たちが仕事で成功したのかわからない。
× ウ．成功した俳優は，この仕事において自分たちの演技能力ほど重要なものはないとわかっている。
× エ．成功した俳優は，この仕事には浮き沈みがつきものだということをわかっていない。

8 文頭の It は形式主語で，to put ..... という名詞的用法の不定詞を指している。put A into B は「A を B (言葉)にする」という意味だが，この文では，A の部分に置かれる目的語(your own reasons for wanting to act)が長いので，後回しにされ，put into B A という形になっている。reason for Ving は「V する理由」という意味。

9 本文の内容と一致する箇所，また一致しない箇所は次のとおり。
○ ア．第2パラグラフの内容と合致する。
× イ．役者の抱えるであろう競争のストレスに対する解決策は，本文中に示されていない。
○ ウ．第4パラグラフの内容と合致する。
○ エ．第3パラグラフの内容と合致する。
○ オ．第3パラグラフの内容と合致する。

◆選択肢の和訳
○ア．いったん俳優になろうと決心したら，あなたの決心に対して人の数だけ意見があるだろう。
×イ．俳優は，1つの役を新人や新しい才能ある人と競争することのストレスから身を守る方法を知っている。
○ウ．誰もが，俳優として成功するために必要なある種の資質を注意して探している。
○エ．あなたが一生の仕事として俳優業を選択する場合，成功の機会はあまりない。
○オ．俳優としてあなたが成功するかどうかは，運と才能にすべてかかっている。

徹底精読

◎トピック

俳優業に伴う危うさ★ テーマ ★

① **(** If you tell someone 【 that you want to make a career as an actor 】 **)**, you
　　　　S'　V'　　O'　　　　　接続詞　　S"　　V"　　　　O"　　　　　　　　　　　　S

can be sure [that (within two minutes) the word 《 'risky' 》 will come up].
　V　　C　　接続詞　　　　　　　　　　　　　　　S'　　　　　　　　　V'

(もしあなたがだれかに【俳優として身を立てたい】と話したら **)**，きっと [（2分以内に）
《「危険な」という》言葉が持ち上がる] だろう。

● 接続詞の that は that S V という形で，「S が V するということ」という意味の名
　詞節を作ることができる。

② And, **(** of course **)**, acting is a very risky career.
　　　　　　　　　　　　S　　V　　　　　C

そして，**(** もちろん **)**，俳優業はとても危険な職業である。

③ The supply 《 of actors 》 is **(** far **)** greater than the demand 〈 for them 〉.
　　　S　　　　　　　　　　V　　　　　　　C　　　　　　　　　　　　　

《俳優の》供給 は，〈その〉需要 より **(** はるかに **)** 大きい。

● 比較級を「はるかに」という意味で強調する場合には，far や much などの副詞を
　使う。
● them という代名詞は actors を指している。

語句

□ make a career 　熟 出世する
□ actor 　名 俳優
□ sure 　形 きっと……(する)
□ within 　前 ～以内に
□ risky 　形 危険な

□ come up 　熟 話題に上る
□ act 　動 演じる
□ supply 　名 供給
□ demand 　名 需要

◎トピック

俳優業を選択することは個人的な責任を伴う。

④ (Once you choose 【 to become an actor 】), | many people | 《 who you
　　　　S′　　V′　　　　　　　O′　　　　　　　　　　　　S　　　　　　　　　節の挿入

thought ┤ were your closest friends 》 will tell you [you're crazy], (though
　　　　　　V′　　　　C′　　　　　　　　　　V　　　O　　　　O

some may react 《 quite oppositely 》).
S′　　V′

《いったん【俳優になること】を選択したら），（《まったく反対の》反応をする人もいるかも
しれないものの）《あなたが親しい友人だと思った》|多くの人々| は，[気がふれている] と
あなたに言うだろう。

- once という接続詞は once S V という形で，「いったん S が V すると」という意
味の副詞節を作ることができる。
- who は関係代名詞の主格で，ここでは，直後に続く動詞との間に you thought と
いう節が挿入されている。

⑤ No two people will give you the same advice.
　　　S　　　　　　V　　　O　　　　O

同じ助言をあなたにしてくれる人は 2 人としていない。

- 形容詞 no を主語や目的語などの名詞の前に置いて，否定文を作ることができる。

⑥ But it is | a very personal choice | 《 you are making 》 and only you can take
　　　S①V①　　　　C①　　　　　　　　　　S′　　V′　　　　　　　　S②　　V②

| responsibility | 〈 for yourself and for 【 realizing your ambition 】 〉.
　　O②

しかし，それは《あなたがする》|とても個人的な選択| であり，あなただけが，〈自分自身と
【あなたの野心を実現すること】に対する〉|責任| をとることができる。

- choice という名詞の直後に関係代名詞の目的格の which[that] が省略されている。

110

PARAGRAPH **3**

◎トピック

俳優としての成功へと至る道のりは困難なものだ。

⑦ There are │no easy ways│ 《 of getting there 》 ─ │no written examinations│
 　　　V　　　　S①　　　　　　　　　　　　　　　　　　　　　　　S②

〈 to pass 〉, and │no absolute assurance│《 that （ when you have
　　　　　　　　　　　　　　　S③　　　　　　同格の接続詞　　　S′　V′

（ successfully ） completed your training 》 you will 《 automatically 》 make
　　　　　　　　　　　　　　O′　　　　　　　　S′　　　　　　　V′

your way （ in the profession 》》.
　　O

《そこにたどり着く》│簡単な方法はない│―〈合格するための〉│筆記試験はない│し，《《（あなたが（うまく）研修を終えたとき），（自動的に）（その職業に）就く》│絶対の保証はない│。

● assurance の直後の that は「同格の that」で，直前の名詞の内容を説明している。〈名詞＋that＋S V〉で「S が V する（という）〜」の意味。

語句

☐ once S V	構 いったん S が V すると	☐ get	動 （場所に）着く
☐ choose	動 選択する	☐ written examination	名 筆記試験
☐ close friend	名 親友	☐ pass	動 合格する
☐ react	動 反応する	☐ absolute	形 絶対の
☐ quite	副 まったく	☐ assurance	名 保証
☐ oppositely	副 反対に	☐ successfully	副 うまく
☐ personal	形 個人的な	☐ complete	動 終える
☐ responsibility	名 責任	☐ automatically	副 自動的に
☐ realize	動 実現する	☐ make one's way	熟 進む，成功する
☐ ambition	名 野心	☐ profession	名 職業

⑧ It is all a matter 《 of luck plus talent 》.
　S　V　　　C

それはすべて《運に加えて才能の》問題である。

> ● 代名詞の it は漠然と前出の内容などを指すこともでき，この文では「役者になる道
> のり」を漠然と指していると考える。

⑨ 《 Yet 》 there is a demand 《 for new faces and new talent 》, and there is
　　　　　　　V①　　　S①　　　　　　　　　　　　　　　　　　　　　　　　V②

（ always ） the prospect 《 of excitement, charm and the occasional rich
　　　　　　　　S②

reward 》.

（しかし）《新人と新しい才能の》需要はあるし，（常に）〈刺激と魅力，そしてたまにある
高価な報酬に対しての〉期待がある。

> ● 文頭の Yet という副詞は，「しかし」「それでもなお」という意味で，逆接の意味を
> 表して使われている。

PARAGRAPH 4

◎トピック

俳優業における才能は，生まれつきの素質と想像力である。

⑩ I have （ frequently ） been asked 【 to explain this magical thing 《 called
　S　　　　　　　　　　　　　V

talent 》,〈 which everyone is looking out for 〉】.
　　　　　　　　　　S′　　　　　V′

私は（しばしば），【《才能と呼ばれる》，〈みんなが注意して探している〉この不思議なもの
を説明すること】を求められることがある。

> ● be asked to V「V するよう求められる」という形は，ask 〜 to V「〜に V する
> よう求める」という構文の目的語の部分が主語になった受動態。

⑪ I believe 【 it is best described as natural skill plus imagination — 《 the latter
　S　V　　OS′　　　　V′　　　　as natural skill plus imagination　　　　C′

~~that が省略~~

being the most difficult quality 《 to estimate 》》】.
　　　　　　　　　　　　　　　　分詞構文

私は【それは，生まれつきの能力に加えて想像力であると表現するのが最もよいと信じている。《後者は《評価するのに》最も難しい特性であるが》】

● the former / the latter は「前者／後者」という意味で直前に出てきた 2 つの名詞を指す表現。この場合は，the latter のみが imagination を指して使われている。

● being は分詞構文だが，主文と主語が違うので，意味上の主語として直前に the latter が置かれている。

⑫ And it has a lot to do with people's courage and their belief 《 in what they
　　　S　　V　　　　　　　O①　　　　　　　　　S′

are doing 》 and the way 《 they are expressing it （ to the audience ）》.
　V′　　　　　O②　　　　S′　　V′　　　O′

そしてそれは《自分たちがしていることに対する》人々の度胸と信念と，《《観客に》それを表現している》方法に大いに関係がある。

● what は関係代名詞で，「……なもの，こと」という意味で使われる。

● 語句

☐ a matter of 〜	熟 〜の問題	☐ describe	動 表現する
☐ plus	前 加えて	☐ natural	形 生まれつきの
☐ yet	副 しかし，それでもなお	☐ skill	名 能力
☐ new face	名 新人	☐ imagination	名 想像力
☐ talent	名 才能	☐ the latter	代 後者
☐ prospect	名 期待	☐ quality	名 特性
☐ excitement	名 刺激	☐ estimate	動 評価する
☐ charm	名 魅力	☐ have a lot	熟 〜と大いに関係
☐ occasional	形 時々の	[much] to do	がある
☐ reward	名 報酬	with 〜	
☐ frequently	副 しばしば	☐ courage	名 度胸
☐ explain	動 説明する	☐ belief	名 信念
☐ magical	形 不思議な	☐ the way S V	構 S が V する方法
☐ look out	熟 〜を注意して探す	☐ express	動 表現する
for 〜		☐ audience	動 観客

◎トピック

観客との接触が，役者が演じたいという動機になる。

⑬ Where does the desire《 to act 》come from?
　　　　　　　　　　S　　　　　　　　　　V

《演じたいという》願望 はどこから来るのだろうか。

形式主語・to put 以下が真主語
⑭ It is (often)《 very 》difficult【 to put into words your own reasons《 for
　S V　　　　　　　　　　　　　　C

【 wanting to act 】》】.

【《[演じたいということ] に対する》あなた自身の理由 を言葉にすること】は，（しばしば）
（とても）難しい。

⑮《 Certainly 》,(in the theater) the significant thing is that moment《 of
　　　　　　　　　　　　　　　　　　　　　　S　　　　　　V　　　C

contact《 between the actor《 on the stage 》and a particular audience 》》.
　　　　　　　　　　　A　　　　　　　　　　　　　　　　　　　　B

（確かに），（劇場において）重要なことは《《《舞台の上の》俳優 と個々の観客との間の》触
れ合い の》その瞬間 である。

> ● between という前置詞は，between A and B という形で使われたときは「A と
> B の間の[で]」という意味で，「2 者の間」を表して使われる。

⑯ And 【 (making) this brief contact 】 is central to all acting, 《 wherever it takes
　　　　　　　動名詞
　　　　　S①　　　　　　　　V①　C①　　　　　　　　　　　S′　V′

place 》— it is [what drives all actors to act].
　　　　　S②V②　　　　C②

そして《それがどこで行われたとしても》，【この短時間の触れ合いをすること】が演技すべ
ての中心であり，それが［すべての俳優たちを，演じることへと駆り立てるもの］である。

> ● making ..... という動名詞の句が主語になっている。
> ● wherever S (may) V は no matter where S (may) V と書き換えることもでき，
> 　「どこで S が V しようとも」という意味で，譲歩の副詞節を作る。

●語 句

☐ desire	图 願望	☐ particular	形 個々の
☐ put into words	熟 ……を言葉で言い表す	☐ brief	形 短時間の
		☐ central	形 中心となる
☐ reason	图 理由	☐ wherever S (may) V [no matter where S (may) V]	構 どこでSがVしようとも
☐ certainly	副 確かに		
☐ theater	图 劇場		
☐ significant	形 重要な	☐ take place	熟 行われる
☐ moment	图 瞬間	☐ drive ~ to V	熟 ~をVすることに駆り立てる
☐ contact	图 触れ合い		
☐ stage	图 舞台		

PARAGRAPH 6

◎トピック

俳優業は不安定な職業である。

⑰ (If you ask actors 【 how they have done well (in the profession) 】), the
　　　 S′ V′ O′　　 O′　 S″　　　　 V″
　　　　　　 (A) (B)
response will (most likely) be a shrug.
　 S　　　　 V　　　　　　　　 C

《もしあなたが俳優に【（仕事で）どのようにして成功してきたのか】を尋ねたら》，その返
事は《おそらく》首をすくめる動作であろう。

● 第4文型で使うことができる ask という動詞の2番目の目的語の部分に，疑問詞
　 how で始まる名詞節が置かれている。ask A B で「A に B を尋ねる」という意味。

⑱ They will not know.
　 S　 V

彼らにはわからないだろう。

● They という代名詞は actors を指している。

⑲ They will know certain things 《 about themselves 》 and aspects 《 of their
　 S　 V　　 O①　　　　　　　　　　　　　　 O②

own technique and the techniques 〈 of others 〉》.

彼らは《自分自身についての》ある程度のこと と，《自分たちの技能と 〈他の人たちの〉 技
能 の》様子 については知っているだろう。

● 最初の and は，certain things と aspects を並べている。また2番目の and は，
　 their own technique と the techniques of others を並べている。

116

㉚ But they will take nothing for granted, 〘 because they know 【 that they are
　　　S　　V　　　O　　　　　　　　　　　　S　　V　　O①　S′　V′

<small>接続詞</small>

only as good as their current job 】, and 【 that their fame may not
　　　　　C′　　　　　　　　　　　　　　　O②　　　S′　　　　　V′

<small>接続詞</small>

continue 】 〙).

しかし，彼らは何事も当然であるとはみなさないだろう，〘なぜなら【現時点でやっている
仕事の程度にしか彼らはうまくいっておらず】，［彼らの名声は続かないかもしれないこと］
を知っているからだ〙）。

● and という接続詞が，動詞 know の目的語になる 2 つの that 節を並べている。

● 語 句

☐ ask A B	動 A に B を尋ねる	☐ technique	名 技能
☐ do well	熟 うまくいく，成功する	☐ take ~ for granted	熟 ～を当然のことと思う
☐ response	名 返答		
☐ likely	副 おそらく	☐ as good as ~	熟 ～ほどよく
☐ shrug	名 肩をすくめること	☐ current	形 現在の
☐ certain	形 ある程度の	☐ fame	名 名声
☐ aspect	名 様子	☐ continue	動 続く

速読トレーニング 速読トレーニング

❶ If you tell someone / that you want / to make a career / as an actor,
もしあなたがだれかに話したら　あなたが望むということを　出世することを　俳優として

you can be sure / that within two minutes / the word 'risky' / will come up.
きっと　2分以内に　「危険な」という言葉が　持ち上がるだろう

And, / of course, / acting is / a very risky career. / The supply / of actors
そして　もちろん　俳優業は　とても危険な職業である　供給は　俳優の

is far greater / than the demand / for them.
はるかに大きい　需要より　それらの

❷ Once you choose / to become an actor, / many people
いったん選択したら　俳優になることを　多くの人々は

who you thought / were your closest friends / will tell you / you're crazy,
あなたが思った　あなたの親しい友人だと　あなたに言うだろう　気がふれていると

though some / may react / quite oppositely. / No two people
何人かは　反応するかもしれないものの　まったく反対に　2人としていない

will give you / the same advice. / But / it is a very personal choice
あなたにしてくれる人は　同じ助言を　しかし　それはとても個人的な選択である

you are making / and only you / can take responsibility / for yourself
あなたがする　そしてあなただけが　責任をとることができる　自分自身と

and for realizing / your ambition.
そして実現することに対する　あなたの野心を

❸ There are no easy ways / of getting there / — no written examinations
簡単な方法はない　そこにたどり着く　筆記試験はない

to pass, / and no absolute assurance
合格するための　そして絶対の保証はない

that when you have successfully completed / your training
あなたがうまく終えたとき　研修を

you will automatically / make your way / in the profession. / It is all a matter
あなたは自動的に　就く　その職業に　それはすべて問題である

of luck plus talent. / Yet / there is a demand / for new faces
運に加えて才能の　しかし　需要がある　新人の

and new talent, / and there is always the prospect / of excitement, / charm
そして新しい才能の　そして常に期待がある　刺激と　魅力

and the occasional rich reward.
そしてたまにある高価な報酬に対しての

❹ I have frequently been asked / to explain / this magical thing
私はしばしば求められることがある　説明することを　この不思議なものを

called talent, / which everyone / is looking out for. / I believe /
才能と呼ばれる / みんなが / 注意して探している / 私は信じている /

it is best described / as natural skill / plus imagination / — the latter
それは表現するのが最もよいと / 生まれつきの能力に / 加えて想像力であると / 後者は

being the most difficult quality / to estimate. / And it / has a lot to do /
最も難しい特性である / 評価するのに / そしてそれは / 大いに関係がある /

with people's courage and their belief / in what they are doing
人々の度胸と信念に / 自分たちがしていることに対する

and the way / they are expressing it / to the audience. /
そして方法に / それを表現している / 観客に /

5 Where does the desire / to act / come from? /
願望はどこから / 演じたいという / 来るのだろうか？ /

It is often very difficult / to put into words / your own reasons /
しばしばとても難しい / 言葉にすることは / あなた自身の理由を /

for wanting to act. / Certainly, / in the theater / the significant thing
演じたいということに対する / 確かに / 劇場において / 重要なことは

is that moment of contact / between the actor / on the stage /
触れ合いのその瞬間である / 俳優と / 舞台の上の /

and a particular audience. / And / making this brief contact / is central
個々の観客との間の / そして / この短時間の触れ合いをすることが / 中心である

to all acting, / wherever it takes place / — it is what drives all actors /
演技すべての / それがどこで行われたとしても / それがすべての俳優を駆り立てるものである /

to act. /
演じることに /

6 If you ask actors / how they have done well / in the profession, /
もしあなたが俳優に尋ねたら / どのようにして成功してきたのかを / 仕事で /

the response / will most likely be a shrug. / They will not know. /
その返事は / おそらく首をすくめる動作だろう / 彼らはわからないだろう /

They will know certain things / about themselves /
彼らはある程度のことを知っているだろう / 自分たち自身について /

and aspects of their own technique / and the techniques of others. / But /
そして自分たちの技能の様子と / そして他の人たちの技能の様子について / しかし /

they will take nothing for granted, / because they know
彼らは何事も当然であるとはみなさないだろう / なぜなら彼らは知っているからだ

that they are only as good / as their current job, / and that their fame
彼らはうまくいっているに過ぎないと / 現時点でやっている仕事の程度にしか / そして彼らの名声は

may not continue.
続かないかもしれないと

音読達成シート	日本語付	1	2	3	4	5	英語のみ	1	2	3	4	5

■ 解答 ■

<table>
<tr>
<td rowspan="3">1</td>
<td>(1)</td>
<td colspan="5">この困難な状況に対する解決策は，様々な個人の中で最も予想もしない人物によって見いだされた。</td>
</tr>
<tr>
<td>(3)</td>
<td colspan="5">彼の時代の他の目が見えない人たちと同様に，彼に利用できた文字を読むための方法は，よく見てもめんどうなものにすぎなかった。</td>
</tr>
</table>

<table>
<tr>
<td>2</td>
<td colspan="2">④</td>
<td>3</td>
<td>(2)</td>
<td>①</td>
<td>(4)</td>
<td>③</td>
</tr>
<tr>
<td>4</td>
<td colspan="7">gave the sightless the ability to see in their</td>
</tr>
<tr>
<td rowspan="2">5</td>
<td>①</td>
<td>F</td>
<td colspan="2">②</td>
<td>F</td>
<td>③</td>
<td>F</td>
</tr>
<tr>
<td>④</td>
<td>T</td>
<td colspan="2">⑤</td>
<td>T</td>
<td colspan="2"></td>
</tr>
</table>

［ 解説 ］

1 文の構造や熟語などに注意して和訳する。

(1) the most unlikely の直後には individual が省略されていると考えるとよい。直訳すると「個人の中でも，最も思いがけない個人」となるが，簡単に「まったく思いがけない人」というふうに自然に訳出するとよい。

(3) Like は前置詞で，「～と同様に」という意味。his time は「彼の時代」という意味で使われている。形容詞句の available to him は主語の method を後ろから修飾している。

2 本文第 2 パラグラフに Braille はフランス人だったと書いてあるので，これと矛盾する④が正解。

◆選択肢の和訳
   ×① 読み書きの方法   ×② 目の見えない人の名前
   ×③ コミュニケーションの手段   ○④ イギリス人の考案者

3 空所の前後の意味に注意して，適当なものを選ぶ。

(2) handicap「障害」は様々な成功を収めるのを阻害する要素なので，「〜にもかかわらず」という逆接の意味を持つ，前置詞の despite が正解となる。despite は in spite of と同意。

◆選択肢の和訳

○① にもかかわらず　　　　　　×② に加えて
×③ のおかげで　　　　　　　　×④ に圧倒されて

(4) each という副詞をとばして，six-dot grouping という名詞を修飾する分詞の句を作ることができるものを選択する。compose は「構成する」という意味の動詞だが，「6点の集合」は1つから6つの点を浮き上がらせた点で「構成される」ほうなので，受動の意味を持つ過去分詞形を選択する。①，④は文の述語動詞となる形なので，このような修飾部分には使えない。

4 正解文：gave the sightless the ability to see in their

give A B は「A に B を与える」という意味の第4文型の構文。〈the＋形容詞〉は「…な人々」の意味で使えるので，A の部分に置くことができる。B の部分に置かれている the ability を，形容詞的用法の不定詞 to see が修飾している。

5 本文の内容との一致，不一致の理由は次のとおり。

F ① 第6パラグラフの最後に「若いブライユは，目が見えない人たちに独自の方法でものを見る能力を与えた」とあるので，この選択肢は本文と矛盾する。

F ② 第4パラグラフで，ブライユ式点字以前のシステムが紹介されている。このことからブライユ式以前にも点字法は存在していたことがわかる。

F ③ 第4パラグラフの内容から，シャルル・バルビエは夜間の軍事用読法の開発者だとわかる。ブライユはこの方式を参考に独自の点字法を考案したのだから，この選択肢は誤り。

T ④ 第5パラグラフの Through a long period of fermentation and modification「長い熟成と改良の期間を経て」という部分と合致する。

T ⑤ 第6パラグラフの内容と合致する。

◆選択肢の和訳

×① ブライユは読み書きできない何百万人もの人々の問題をあまり解決できなかった。

×② ルイ・ブライユは15歳の目の見えない少年で，いわゆる点字法を最初に考案した。

×③ 実際，ブライユの初期の方式は使いにくかったので，シャルル・バルビエはそれをもっと扱いやすくした。

○④ ブライユ点字法が目の見えない人のためのコミュニケーションの世界標準的な方法としてやっと受け入れられるまで，かなり時間がかかった。

○⑤ 追加修正を経て，ブライユ点字コードは多機能な記号を表すようになった。

PARAGRAPH 1

◎トピック

目が見えないことに対する解決策は？

① Imagine 【 not ⓑⓔⓘⓝⓖ able to read the newspaper or the classics 】; imagine
　 V　　　　　　　　動名詞　　　　　　　　　　　　　　　　O　　　　　　　　V
【 not ⓑⓔⓘⓝⓖ able to write a love letter or jot down a shopping list 】.
　　　　動名詞　　　　　　　　　　　　　　　O
　　　　　　　　　　　　　　　┗━not being able to が省略

【新聞や古典作品を読むことができない】と想像してください。[ラブレターを書くことがで
きないと，あるいは買い物のリストを書き留めることができない]と想像してください。

> ● この文は読者に問いかけている，動詞の原形で始まる命令文。
> ● ；（セミコロン）が 2 つの命令文を並べる働きをしている。

② Millions of people 《 throughout the world 》 are handicapped （ by 【 being
　　　　　S　　　　　　　　　　　　　　　　　　　　　　　　V
sightless 】）, and their need 〈 to read and write 〉 is vital.
　　　　　　　　　　　　　　S　　　　　　　　　　V　C

《世界中の》何百万もの人々 が，（【目が見えないこと】によって）不利な立場に置かれてお
り，〈読んだり書いたりすることに対して〉彼らが持っている必要性 は重大である。

> ● millions of ～s は「何百万もの～」という意味で不特定多数を表す。

③ A solution 《 to this difficult predicament 》 was found （ by the most unlikely
　　S　　　　　　　　　　　　　　　　　　　　　　　V
〈 of individuals 〉）.
　　┗━individual が省略

《この困難な状況に対する》解決策 は，（〈様々な個人の中で〉最も予想もしない人物 によっ
て）見いだされた。

> ● solution to ～は「～の解決策」という意味。
> ● unlikely の直後には individual が省略されていると考えるとよい。また，of とい
>   う前置詞は「～の中で」という意味で使われている。

PARAGRAPH **2**

◎トピック

目の不自由なルイ・ブライユによる点字法の発明。

④ Braille , 《 the universally used method 〈 of writing and reading 〉 《 for the
  S

sightless 》》, <u>was invented</u> (by a fifteen-year-old French youth) (in
        V

1824).

《《目が見えない人たちにとっての》〈書いたり読んだりするための〉一般的に使われている
方法 である》ブライユ点字法 は（1824年に）《15歳のフランス人の若者によって》考案
された。

● Braille の直後のカンマは同格の働きをし，専門的な用語の Braille を詳しく言い換
えて説明する働きをしている。

●語句

☐ imagine	動 想像する	☐ predicament	名 （困難な）状況
☐ classic	名 古典作品	☐ unlikely	形 予想もしない
☐ jot down	熟 書き留める	☐ individual	名 個人
☐ throughout	前 〜の至る所の	☐ Braille	名 ブライユ点字法
☐ be handicapped	熟 ……で不利な立場	☐ universally	副 一般的［普遍的］
by	に置かれる		に
☐ sightless	形 目が見えない	☐ method	名 方法
☐ vital	形 きわめて重要な	☐ invent	動 考案する
☐ solution	名 解決法	☐ youth	名 若者

⑤ The system takes its name **(** from |its inventor|, **《** |Louis Braille (1809-52)| **》)**,
　　　　S　　　V　　　O

〈 who became blind **(** at the age of three **) (** because of an unusual
　　　　　V′　　C′

accident **)〉**: his eyes were **(** accidentally **)** pierced **(** while he was playing
　　　　　　　　　　S　　　V　　　　　　　　　　　　　　　　　　S′　　V′

with his father's tools **)**.

その方式は,（**《**|ルイ・ブライユ（1809-52）| という**》**|考案者| から）その名前をとっていて,
〈彼は（3歳のときに）（珍しい事故のせいで）目が見えなくなった**〉**。彼の目は,（彼が父の
工具で遊んでいる間に）（誤って）突き刺さったのだ。

PARAGRAPH **3**

◎トピック

ブライユは障害を乗り越え，多くの業績を残した。

⑥ **(** Despite his handicap **)**, Louis Braille became an accomplished cellist,
　　　　　　　　　　　　　　　　　　　　S　　　　　　V　　　　　　C

organist, and scholar.

(障害にもかかわらず**)**, ルイ・ブライユは優秀なチェロ奏者, オルガン奏者, そして学者にな
った。

● despite は「～にもかかわらず」という意味の前置詞で, in spite of と書き換える
　ことができる。

124

PARAGRAPH **4**

◎トピック

ルイ・ブライユによる，使いにくい従来型点字の改良。

⑦ 〘 Like other blind individuals 《 of his time 》〙, the methods 〈 of reading 〉
　　　　　　　　　　　　　　　　　　　　　　　　　　S

《 available to him 》 were cumbersome (at best).
　　　　　　　　　　V　　　　C

(《彼の時代の》他の目が見えない人たち と同様に)，《彼に利用できた》〈文字を読むための〉方法 は，(よく見ても) めんどうなものにすぎなかった。

● 文頭の Like は前置詞で，「〜と同様に」という意味。

━━ 語 句 ━━

☐ system	名 方式	☐ handicap	名 障害
☐ inventor	名 考案者	☐ accomplished	形 優秀な
☐ blind	形 目が見えない	☐ cellist	名 チェロ奏者
☐ at the age of 〜	熟 〜歳のときに	☐ organist	名 オルガン奏者
☐ because of 〜	熟 〜のせいで	☐ scholar	名 学者
☐ unusual	形 珍しい	☐ time	名 時代
☐ accidentally	副 誤って	☐ available	形 利用できる
☐ pierce	動 突き刺す	☐ cumbersome	形 めんどうな
☐ tool	名 工具	☐ at best	熟 よく見ても，せいぜい
☐ despite 〜 [in spite of 〜]	前 〜にもかかわらず		

⑧ **(** Inspired **(** by French army captain Charles Barbier, **《** whose system was
　　　　　　　　　　　　　　　　　　　　　　　　　　　　　　　　S′

invented **(** in 1819 **)** for military communication 〈 at night 〉 and was called
　V′①　　　　　　　　　　　　　　　　　　　　　　　　　　　　　　　　　　V′②

"night-writing," **》)** **)** young Braille reduced Barbier's twelve-dot configuration
　　　　　　　　　　　　　S　　　　　　V　　　　　　　　　　O

(to a six-dot grouping, **《** each composed of one to six embossed dots

〈 arranged in a six-position cell or matrix 〉**》)**.

((《その方式が**(**1819 年に**)**〈夜間の〉軍事通信 用に考案されて「ナイト・ライティング」
と呼ばれた**》**, フランス陸軍大尉シャルル・バルビエ によって**)** 触発され**)**, 若きブライユ
はバルビエの 12 点配列を **(《**それぞれが 〈6 つの位置を持つセルまたは行列に配置された〉
1 つから 6 つの浮き出しにされた点 で構成されている**》**6 点配列 に**)** 縮小した。

● 文頭の Inspired の句は, 「触発されて」という受動的な意味の副詞句を作っている
　受動分詞構文。

参考 ルイ・ブライユが考案した 6 点式点字

　　ブライユが考案した点字は, 縦 3 点, 横 2 点の 6 つの点の組み
合わせで構成されています。これを 1 マスといい, 1 マスで 1 文
字を表します。6 点の組み合わせが 63 通りあるので, ブライユは
これを整理して, アルファベットと数字の点字を完成しました。

アルファベット

a　b　c　d　e　f　g　h　i　j

k　l　m　n　o　p　q　r　s　t

u　v　w　x　y　z　外字符　外国語引用符

➡ たとえば, book は次
　のように表します。

b　o　o　k

PARAGRAPH **5**

◎トピック

ブライユ点字法の世界的普及。

⑨ Louis Braille, 《 a professor and former student 〈 at the Institute 《 for Blind
   S

Children 》〈 in Paris 〉〉》, published his results （ in 1829 ） and （ then
                                     V   O

┌─published results が省略
again ）（ in a more comprehensive form ）（ in 1832 ）.

《〈〈パリの〉《視覚障害児》協会 の〉教授であり以前の生徒 だった》ルイ・ブライユ は，
（1829 年に），（それから再び）（もっと包括的な形態で）（1832 年に）彼の成果を発表した。

● Braille の直後のカンマは同格の働きをし，Braille という人物の経歴を詳しく示す
  ために言い換える働きをしている。また，この同格の説明部分が，主語と述語動詞
  の間に挿入されている。

語句

☐ inspire	動 触発する	☐ arrange	動 配列する
☐ army captain	名 陸軍大尉	☐ cell	名 セル
☐ military communication	名 軍事通信	☐ matrix	名 行列
☐ reduce	動 縮小する	☐ professor	名 教授
☐ configuration	名 配列	☐ former	形 以前の
☐ grouping	名 配置	☐ institute	名 協会
☐ be composed of ～	熟 ～から構成される	☐ publish	動 発表する
☐ emboss	動 浮き出しにする	☐ result	名 結果，成果
		☐ comprehensive	形 包括的な
		☐ form	名 形態

127

⑩ 〔 Through a long period 《 of fermentation and modification 〈 by others 〉》〕,

Braille, 《 as a system 〈 of communication 〉》, achieved worldwide
S   V

prominence and acceptance (in 1916, 《 when members 〈 of the U.S.
O   S′

Senate 〉 met with representatives 《 of the British government 》 (in
         V′   O′

London) 〔 to approve the system 》》).

(《〈他の人々による〉熟成と改良 の〉長い期間 を経て),《〈コミュニケーションの〉方式
としての〉ブライユ点字法 は,(《《アメリカ上院の〉議員 が 〔その方式を認可するため
に〕(ロンドンで)《イギリス政府の〉代表者 と会った〉1916 年 に) 世界的な名声と認知
を獲得した。

> ● when という関係副詞以下の節が，直前の 1916 という先行詞を直後で説明してい
> る。このように，固有名詞や他と区別する必要のない明瞭な名詞に補足的な説明を
> 加える場合には，カンマを使った関係詞の非制限用法が使われる。

⑪ It is 〔 commonly 〕 referred to as Standard English Braille, Grade 2.
S   V   C
(A)   (B)
それは，〔一般に〕標準英語ブライユ点字法 2 級と呼ばれている。

> ● It という代名詞は点字システムとしての Braille を指している。
> ● この文は refer to A as B「A を B と呼ぶ」という熟語を受動態にした形。A be
> referred to as B「A は B と呼ばれる」という形になる。

PARAGRAPH **6**

◎トピック

ブライユ点字法の洗練 ➡ ブライユにより目の不自由な人々が「見る」ことが
できるようになった。 ★ テーマ ★

⑫ The basic Braille code has since been modified 〔 to represent mathematical
　　　　　S　　　　　　　　　　　　V

and technical symbols 〔 as well as musical notation, shorthand, and other

common languages 〕〕.

基本的なブライユの記号は，〔〔（音符，速記，そしてその他の共通の言語と同様に）数学的，
専門的な記号を表すことができるように〕それ以来改良され続けている。

● has since been Vpp は「それ以来ずっと V されている」という意味の現在完了形。

⑬ Young Braille gave the sightless │the ability│ 《 to see 〔 in their own way 〕》.
　　　S　　　　　V　　　O　　　　　　O
　　　　　　　　　　　　　　　　(A)　　　(B)

若きブライユは，目が見えない人たちに《《独自の方法で》ものを見る》│能力│を与えた。

● 〈the＋形容詞〉は「…な人々」という意味で，名詞の働きができる。
● give A B は「A に B を与える」という意味。

語 句

☐ period	名 期間	☐ code	名 記号
☐ fermentation	名 熟成	☐ modify	動 改良する
☐ modification	名 修正，改良	☐ represent	動 表す
☐ achieve	動 達成する	☐ mathematical	形 数学的な
☐ worldwide	形 世界的な	☐ technical	形 専門的な
☐ prominence	名 名声	☐ symbol	名 記号
☐ acceptance	名 認知	☐ A as well as B	熟 B ばかりでな
☐ Senate	名 上院		く A も
☐ representative	名 代表者	☐ musical notation	名 音符
☐ approve	動 認可する	☐ shorthand	名 速記
☐ commonly	副 一般に	☐ in one's own way	熟 独自の方法で
☐ refer to A as B	熟 A を B と呼ぶ		

速読トレーニング

❶ Imagine / not being able to read / the newspaper or the classics;
想像してください / 読むことができないと / 新聞や古典作品を

imagine / not being able to write / a love letter / or jot down
想像してください / 書くことができないと / ラブレターを / あるいは書き留めることができないと

a shopping list. / Millions of people / throughout the world / are handicapped
買い物のリストを / 何百万もの人々が / 世界中の / 不利な立場に置かれている

by being sightless, / and their need / to read and write
目が見えないことによって / そして彼らが持っている必要性は / 読んだり書いたりすることに対しての

is vital. / A solution / to this difficult predicament / was found
重大である / 解決策は / この困難な状況に対する / 見いだされた

by the most unlikely of individuals.
様々な個人の中で最も予想もしない人物によって

❷ Braille, / the universally used method / of writing and reading
ブライユ点字法は / 一般的に使われている方法で / 書いたり読んだりするための

for the sightless, / was invented / by a fifteen-year-old French youth
目が見えない人たちにとっての / 考案された / 15歳のフランス人の若者によって

in 1824. / The system / takes its name / from its inventor,
1824年に / その方式は / その名前をとっている / 考案者から

Louis Braille (1809-52), / who became blind / at the age of three
ルイ・ブライユ(1809-52)という / 目が見えなくなった / 3歳のときに

because of an unusual accident: / his eyes / were accidentally pierced
珍しい事故のせいで / 彼の目は / 誤って突き刺さったのだ

while he was playing / with his father's tools.
彼が遊んでいる間に / 彼の父の工具で

❸ Despite his handicap, / Louis Braille / became an accomplished cellist,
障害にもかかわらず / ルイ・ブライユは / 優秀なチェロ奏者になった

organist, / and scholar.
オルガン奏者に / そして学者に

❹ Like other blind individuals / of his time, / the methods of reading
他の目が見えない人たちと同様に / 彼の時代の / 文字を読むための方法は

available to him / were cumbersome / at best. / Inspired
彼に利用できた / めんどうなものにすぎなかった / よく見ても / 刺激されて

by French army captain Charles Barbier, / whose system / was invented
フランス人陸軍大尉シャルル・バルビエによって / その方式が / 考案されて

in 1819 / for military communication / at night / and was called
1819年に / 軍事通信用に / 夜間の / それで呼ばれた

"night-writing," / young Braille / reduced
「ナイト・ライティング」と / 若きブライユは / 縮小した

Barbier's twelve-dot configuration / to a six-dot grouping, / each composed
バルビエの 12 点配列を / 6 点配列に / それぞれが構成されている

of one to six embossed dots / arranged / in a six-position cell or matrix.
1 つから 6 つの浮き出しにされた点で / 配置された / 6 つの位置を持つセルまたは行列に

5 Louis Braille, / a professor and former student
ルイ・ブライユは / 教授であり以前の生徒だった

at the Institute for Blind Children / in Paris, / published his results / in 1829
視覚障害児協会の / パリの / 彼の成果を発表した / 1829 年に

and then again / in a more comprehensive form / in 1832.
そしてそれから再び / もっと包括的な形態で / 1832年において

Through a long period / of fermentation and modification / by others,
長い期間を経て / 熟成と改良の / 他の人々による

Braille, / as a system of communication, / achieved
ブライユ点字法は / コミュニケーションの方式としての / 達成した

worldwide prominence and acceptance / in 1916,
世界的な名声と認知を / 1916 年に

when members of the U.S. Senate met
アメリカの上院の議員が会ったとき

with representatives of the British government
イギリス政府の代表者と

in London / to approve the system. / It is commonly referred to
ロンドンで / その方式を認可するために / それは一般的に呼ばれている

as Standard English Braille, / Grade 2.
標準英語点字 / 2級と

6 The basic Braille code / has since been modified / to represent
基本的なブライユの記号は / それ以来改良され続けている / 表すことができるように

mathematical and technical symbols / as well as musical notation,
数学的で専門的な記号を / 音符と同様に

shorthand, / and other common languages. / Young Braille
速記と / そしてそのほかの共通の言語と / 若きブライユは

gave the sightless / the ability to see / in their own way.
目が見えない人たちに与えた / ものを見る能力を / 独自の方法で

音読達成シート	日本語付	1	2	3	4	5	英語のみ	1	2	3	4	5

■ 解答 ■

1	①	8	④
2	②	9	②
3	③	10	④
4	②	11	④
5	③	12	③
6	④	13	②
7	①		

[解説]

1 この部分を訳すと「科学者は解くことに挑戦することができるように，彼が知らない物事を考えながら，非常に緊張した様子だった」となるが，この内容に合致するのは①のみ。trying ..... は分詞構文。so は目的を表す接続詞 so that の that が略された形。

2 be content with ～は「～に満足している」という意味。これと同意の熟語は be satisfied with ～。また第1パラグラフの enjoying the passing scenery「通過する景色を楽しんでいた」という部分からも，what he was doing「彼がしていたこと」は具体的には，looking out of the window「窓の外を眺めること」だったと考えられる。

◆選択肢の和訳
　　× ① そして彼は窓の外を見ることに満足していた
　　○ ② 彼は窓の外を見ることに満足していたので
　　× ③ そして彼は何もしないでいることに満足していた
　　× ④ 彼は何もしないでいることに満足していたので

3 This は直前の内容を指す代名詞。科学者を怒らせたものは何か？と考えて みればよい。正解は詩人の無関心な態度を示す③。

4 get it wrong は「（問題などを）間違える」という意味の熟語。賭けの条件を 提示している場面なので，「たとえ……でも」という譲歩の意味があるとは考え られないので，①，③は不正解。

5 下線部の against は「対立，反対」の意味を持つ前置詞。decide against 〜 で「〜をしないことに決める」という意味になる。turn down の目的語は，普 通，「申し出」や「人間」になるので，② turn down the game は「ゲームを拒 絶する」という意味になる不自然な表現。turn down the offer to play the game であれば自然な表現。ここでは，最も自然でシンプルな表現である③を 選べばよい。
◆選択肢の和訳
　×① 彼はその申し出を断らないことに決めた
　×② 彼はそのゲームを断ることに決めた
　○③ 彼はそのゲームをしないことに決めた
　×④ 彼は2度目にそのゲームをやらないことに決めた

6 このセリフは，科学者が詩人に呼びかけている場面。会話で相手の注意を喚 起する場合に使い，「ねえ」「ほら」という意味を持つ Look が正解。
◆選択肢の和訳
　×① ではまた　　×② 痛い　　×③ うわー　　○④ ねえ

7 この文の that は，「それほど……」という意味の程度を表す副詞として使わ れている。また，academically は「学問的には」という意味。これらのポイン トと合致するのは①。

8 stop to think は「じっくり考える」という意味の熟語。「じっくり考えなかっ た」ということだから，「即座に考えることを放棄した」と言い換えることがで きる。これにあてはまるのは④のみ。finally「最終的に」で始まる②は，さん ざん考えたあげくに放棄したということになるので不可。
◆選択肢の和訳
　×① その質問にどう答えたらいいかすぐに決めた
　×② とうとうその質問について考えるのをあきらめた
　×③ その質問について考えることにしばらく時間を費やした
　○④ その質問について考えないようにしようとすぐに決めた

9 「次は詩人の番である」ということを科学者が述べている場面なので，your を，「順番」という意味を持つ名詞 turn の前に置かなければならない。

◆選択肢の和訳
× ① 今度は彼の番です
○ ② 今度はあなたの番です
× ③ もうここにいるのだから
× ④ それから

10 この話のオチは「詩人が誰にも答えられない質問をわざと出題することによって，掛け金の差額をせしめた」ということ。すなわち，詩人は自分も答えを出さなくてよいと考えていたと推測できる。

11 直後に 50 ドルを詩人に渡しているのだから，科学者は「答えられなかった」，すなわち「あきらめた」のだと考えられる。

◆選択肢の和訳
× ① 答えた
× ② 笑った
× ③ 動かなくなった
○ ④ あきらめた

12 詩人が科学者に 5 ドルを渡しているということは，詩人は答えを言っていないということになる。設問 10 の問題と共通した，この話のオチに関連した問題。

13 本文の内容との一致，不一致の理由は次のとおり。
○ ① 本文第 3 パラグラフの内容と合致する。
× ② 詩人は詩作ではなく，窓の外を眺めていたと第 1 パラグラフに書いてある。
○ ③ 本文の結末と合致している。
○ ④ 第 5 パラグラフの内容と合致する。

徹底精読

◎トピック

電車の中で出会った科学者と詩人。

① There <u>were</u> **(once)** 〔two people〕 《 travelling on a train 》, 〈 a scientist and a
      V   S

poet 〉.

(かつて**)**《列車で旅行している》〔2 人の人〕,〈科学者と詩人〉がいた。

> ● travelling ..... の句は形容詞の働きをする分詞の句。a scientist ..... の句は，two
> people を言い換えている同格の句。

② <u>They</u> <u>had never met</u> **(before)**, so **(naturally)**, there <u>wasn't</u> much
  S   V   V

<u>conversation</u> **(between the two)**.
  S

彼らは**(**以前に**)**会ったことがなかった，そこで（当然），**(**2 人の間に**)**ほとんど会話はな
かった。

> ● had Vpp は過去完了形で，ここでは，過去の時点までの「経験」を表している。

                                         ／分詞構文
③ <u>The poet</u> <u>was minding</u> <u>his own business</u>, **(enjoying the passing scenery)**.
    S   V   O

詩人は**(**通過する景色を楽しみながら**)**，自分のことに専念していた。

> ● enjoying ..... は「.....しながら」という付帯状況の意味を持つ分詞構文。

● 語句

☐ scientist	图 科学者	☐ passing	形 通過する
☐ poet	图 詩人	☐ scenery	图 景色
☐ naturally	副 当然		

☐ be minding one's
  own business
	熟 自分のことに専
	  念している		

④ The scientist was (very) tense, (trying to think of things 《 he didn't
   S   V   C

—接続詞 that が省略   分詞構文

know 》(so he could try to figure them out)).
            S   V   O

科学者は，（（解くことに挑戦することができるように）《彼が知らない》 こと を考えなが
ら，）（非常に）緊張した様子だった。

- so は，目的を表す so that S V「S が V するために」という構文の that が省略された形。

◎トピック

科学者は詩人にゲームを提案するが，断られる。

⑤ (Finally), the scientist was (so) bored, that he said (to the poet), "Hey,
                 S   V   C   S   V   O

do you want to play a game?"
 S′   V′   O′

（とうとう），科学者は（とても）退屈したので，（詩人に）言った，「ねえ，ゲームをしない
か」。

- so ... that S V は「非常に…なので S は V する」という意味の，程度を表す重要構文。

                分詞構文   関係代名詞

⑥ The poet, (being content with 【 what he was doing 】), ignored him and
   S   V① O①

          動名詞   分詞構文

continued [looking out the window], (humming (quietly) to himself).
 V②   O②

詩人は，（【自分がしていること】に満足していたので），彼を無視して，（1 人で（静かに）
鼻歌を歌いながら）［窓の外を見ること］を続けた。

- being ..... や humming ..... の部分は分詞構文で，副詞的な働きをしている。
- what は関係代名詞で，「……こと，もの」という意味で使われている。

136

⑦ This got <u>the scientist</u> mad, 《 who (irritably) <u>asked</u> （ again ），"Hey, you,
<u>　</u>　<u>　</u>　　　　　　　　　　　　　　　　　<u>　</u>
S　V　　O　　　C

do you want to play a game? 》
　S″　V″　　O″

このことに 科学者 は腹を立てた，《そして彼は《再び》（いらいらしながら）尋ねた，「ねえ君，ゲームをしないか。》

● This は「詩人が科学者を無視した」という，直前の内容を受ける代名詞。
● get O C は「O を C にする」という意味の第 5 文型。O の部分に置かれている the scientist が，関係代名詞の主格 who の先行詞となっている。

⑧ I'll <u>ask</u> <u>you</u> <u>a question</u>, and 《 if <u>you</u> <u>get</u> <u>it</u> <u>wrong</u> 》, <u>you</u> <u>give</u> <u>me</u> <u>$5</u>.
S　V　　O　　O　　　　　　S′　V′　O′　C′　　S　V　O　O

僕が君に質問をするよ，そして《もし君が間違えたら》，君は僕に 5 ドル払うんだ。

● 等位接続詞の and が，前の文と後ろの文を並べる働きをしている。

● 語 句

☐ tense	形 緊張した	☐ look out	熟 外を見る
☐ figure out	熟 理解する，解決する	☐ hum to oneself	熟 1 人鼻歌を歌う
☐ finally	副 とうとう		
☐ bored	形 退屈した	☐ mad	形 腹を立てて
☐ be content with ~	熟 ～に満足している	☐ irritably	副 いらいらして
		☐ get it wrong	熟 （問題などを）間違える
☐ ignore	動 無視する		

⑨ (Then), you ask me a question, and (if I can't answer it), I'll give you
           S   V O   O   S'   V'   O' S V   O

$5."
O

（それから），君が僕に質問をするんだ，そして（もし僕がそれに答えられなかったら），僕
は君に 5 ドル払うよ」

> ● if S V が「S が V するならば」という条件を表す「副詞節」の場合には，未来のこ
> とであっても現在形で表現する。

⑩ The poet thought about this (for a moment), but he decided against it,
   S①   V①   S②   V②   O②
        分詞構文
(seeing 【 that the scientist was a very bright man 】).
                 S'   V'   C'

詩人はこれについて（少しの間）考えた，しかし（【科学者がとても頭がいい人だというこ
と】を考えて），彼はそれをしないことに決めた。

> ● seeing that S V は「S が V するということを考えて」という意味の分詞構文を
> 使った重要表現。

⑪ He (politely) turned down the scientist's offer.
   S   V   O

彼は科学者の申し出を（丁寧に）断った。

PARAGRAPH 3

◎トピック

科学者の太っ腹な申し出によるゲームの開始。

⑫ The scientist, 《 who (by this time) was going mad 》, tried a final time.
   S   V'   C'   V   O

科学者 は《（もうこのときには）怒っていたが》，最後にもう 1 度試してみた。

● この文のように，who の直前にカンマが置かれる関係詞の用法を「関係詞の非制限
用法」と呼び，先行詞に対して補足的な説明をつける。

⑬ "Look, I'll ask you a question, and (if you can't answer it), you give me $5.
   S V O O   S' V' O' S V O O

「ねえ，僕が君に質問をするよ，そして（もし君がそれに答えられなかったら），君は僕に 5
ドル払うんだ。

● 文頭の Look は相手の注意を促す「ほら」「ねえ」という意味の会話表現。

⑭ (Then) you ask me a question, and (if I can't answer it), I'll give you
    S V O O   S' V' O' S V O

$50!"
O

（次は），君が僕に質問をするんだ，そして（もし僕がそれに答えられなかったら），僕は君
に 50 ドルあげる」

⑮ (Now), the poet was not that smart (academically), but he wasn't
     S   V   C   S V

(totally) stupid.
     C

（さて），詩人は（学問的に）そんなに頭がよくなかった，しかし彼は（まったく）ばかとい
うわけではなかった。

● that は so「それほど」の意味の副詞。

語 句

☐ decide against ~	熟 ~をしないことに決める	☐ by	前 ~までには
		☐ final	形 最後の
☐ seeing that S V	構 S が V するということを考えて	☐ look	動 ほら，ねえ
		☐ now	副 そのとき，さて
☐ bright	形 頭のよい	☐ smart	形 頭のよい
☐ politely	副 丁寧に	☐ academically	副 学問的に
☐ turn down	熟 断る	☐ totally	副 まったく，完全に
☐ offer	名 申し出	☐ stupid	形 ばかな

⑯ He accepted the offer.
　 S　　V　　　　O

彼はその申し出を受け入れた。

⑰ "Okay," the scientist said, "what is the exact distance ❰ between the Earth
　　　　　　 S　　　 V　　O　 C'　V'　　　　 S'

and the Moon ❱?"

「ではいいですか」，「《地球と月の間の》 正確な距離 はどのくらいですか」と科学者は言った。

　　● between 以下の前置詞句は形容詞の働きをし，直前の名詞を修飾している。

　　　　　　　　　　　　　分詞構文
⑱ The poet, ❨ not knowing the answer ❩, didn't stop to think ❨ about the
　 S　　　　　　　　　　　　　　　　　　　 V

scientist's question ❩.

詩人は《答えがわからなかったので》，《科学者の質問を》じっくり考えなかった。

　　● stop to V は「立ち止まって〔落ち着いて〕V する」という意味。

⑲ He gave a $5 bill ❨ to the scientist ❩.
　 S　 V　　O

彼は《科学者に》5 ドル紙幣を渡した。

PARAGRAPH 4

◎トピック

詩人の出した難解な質問に悩む科学者。

⑳ The scientist **(** happily **)** accepted the bill and **(** promptly **)** said, "Okay,
　　　S　　　　　　　　　　V①　　　O①　　　　　　　　　　　　　V②　　O②

(now **)** it's your turn."
　　　　　S′V′　　C′

科学者は**（**喜んで**）**紙幣を受け取り，（即座に）言った，「よし，**（**今度は**）**君の番だ」。

● turn は，この文のように，名詞で「順番」という意味で使われることがある。

㉑ The poet thought about this **(** for a few minutes **)**, then asked, "All right, what
　　S　　V①　　　　　　　　　　　　　　　　　　　　　　　　V②　　O②　　　　　　S′

goes up a mountain **(** on three legs **)**, but comes down **(** on four **)**?"
V′①　　　　　O′　　　　　　　　　　　　　　　　　　V′②

詩人はこれについて**（**しばらく**）**考えた，それから尋ねた，「いきますよ，**（**3本足で**）**山を
登るが（4本足で）降りてくるものは何でしょう」。

● 接続詞 but が，goes と comes という2つの述語動詞を並べている。

㉒ The bright look **(** quickly **)** disappeared **(** from the scientist's face **)**.
　　　S　　　　　　　　　　　　　　V

晴れやかな表情は（科学者の顔から）**（**すぐに**）**消えた。

● look は「表情」という意味の名詞として使われ，主語になっている。

● **語句**

☑ accept 　　　 **動** 受け入れる　　　　☑ promptly 　　 **副** 即座に
☑ exact 　　　　 **形** 正確な　　　　　　☑ turn 　　　　　 **名** 順番
☑ distance 　　　 **名** 距離　　　　　　　☑ bright 　　　　 **形** 晴れやかな
☑ stop to think 　 **熟** じっくり考える　　☑ look 　　　　　 **名** 表情
☑ bill 　　　　　 **名** 紙幣　　　　　　　☑ quickly 　　　 **副** すぐに
☑ happily 　　　　**副** 喜んで　　　　　　☑ disappear 　　 **動** 消える

㉓ He thought about this (for a long time), (using his scratchpad and
　S　　V
computer).
　　　　　　　　　　　　　　　　　　　　　　　　　　　　　分詞構文

彼は，（メモ帳やコンピューターを使いながら），この質問について（長い間）考えた。

● using ..... は「……しながら」という付帯状況の意味を表す分詞構文。

◎トピック

詩人が考えた巧妙な作戦。

㉔ (After about an hour of this), the scientist (finally) gave up.
　　　　　　　　　　　　　　　　　　　　 S　　　　　　　　　　 V

（それから約 1 時間後），科学者は（ついに）降参した。

● this は直前の内容を指す代名詞で，ここでは「科学者が質問について必死で考える
　状況」を指している。

㉕ He (unwillingly) handed the poet a $50 bill.
　S　　　　　　　　　 V　　　　 O　　　 O

彼は（しぶしぶ）詩人に 50 ドル紙幣を手渡した。

● hand は hand A B という第 4 文型の形で，「A に B を手渡す」という意味。

　　　　　　　　　　　　　　　　　　　　　　　　　分詞構文
㉖ The poet accepted it (graciously), (turning back to the window).
　S　　　　 V　　　　 O

詩人はそれを（愛想よく）受け取り，（窓のほうを向いた）。

● turning ..... は，「そして……する」という意味で，主節と連続して起こることを表
　している分詞構文。

㉗ "Wait!" the scientist shouted.
　　　　　　　　S　　　　V

「待ってくれ」と科学者は叫んだ。

㉘ "You can't do this to me!
　　　S′　V′　　O′

「君は私に対してこんなことはできない。

● this が指しているのは「科学者に答えを教えずに苦しめる行為」と考えるとよい。

㉙ What's the answer?"
　　C　V　　　S

答えは何だ」

㉚ The poet looked at the scientist and （ calmly ） put a $5 bill into his hands.
　　S　　V①　　　　O①　　　　　　　　　　V②　　O②

詩人は科学者を見た，そして《静かに》彼の手に 5 ドル紙幣を置いた。

● and という接続詞は，looked と put という 2 つの動詞を並べる働きをしている。
● この話のオチは，「詩人が自分にも答えがわからない問題をわざと科学者に出して，掛け金の差額をせしめた」ということ。

● 語 句

☐ scratchpad　　　名 メモ帳
☐ give up　　　　　熟 降参する
☐ unwillingly　　　副 しぶしぶ
☐ hand A B　　　　動 A に B を手渡す

☐ graciously　　　副 愛想よく
☐ turn back　　　　熟 元の状態まで戻る
☐ calmly　　　　　副 静かに

143

速読トレーニング

❶ There were once / two people / travelling on a train,
かつていた　　2人の人,　　列車で旅行している

a scientist and a poet. / They had never met / before, / so naturally,
科学者と詩人が　　彼らは会ったことがなかった　　以前に　　そこで当然

there wasn't much conversation / between the two. / The poet
ほとんど会話はなかった　　2人の間に　　詩人は

was minding his own business, / enjoying / the passing scenery.
自分のことに専念していた　　楽しみながら　　通過する景色を

The scientist / was very tense, / trying to think of things / he didn't know
科学者は　　非常に緊張した様子だった　　ことを考えながら　　彼が知らない

so he could try to figure them out.
解くことに挑戦することができるように

❷ Finally, / the scientist was so bored, / that he said / to the poet, / "Hey,
とうとう　　科学者はとても退屈したので　　彼は言った　　詩人に　　「ねえ

do you want to play a game?" / The poet, / being content
ゲームをしないか」　　詩人は　　満足していたので

with what he was doing, / ignored him / and continued
自分がしていることに　　彼を無視して　　そして続けた

looking out the window, / humming quietly to himself.
窓の外を見ることを　　1人で静かに鼻歌を歌いながら

This got the scientist mad, / who irritably asked / again, / "Hey, you,
このことで科学者は腹を立てた　　いらいらしながら尋ねた　　再び　　「ねえ君,

do you want to play a game? / I'll ask you a question,
ゲームをしないか　　僕が君に質問をするよ

and if you get it wrong, / you give me $5. / Then, / you ask me a question,
そしてもし君が間違えたら　　君は僕に5ドル払うんだ　　それから　　君が僕に質問をするんだ

and if I can't answer it, / I'll give you $5." / The poet thought
そして，もし僕がそれに答えられなかったら　　僕は君に5ドル払うよ」　　詩人は考えた

about this / for a moment, / but he decided against it, / seeing
これについて　　少しの間　　しかし彼はそれをしないことに決めた　　考えて

that the scientist / was a very bright man. / He politely turned down
科学者が　　とても頭がいい人だということを　　彼は丁寧に断った

the scientist's offer.
科学者の申し出を

❸ The scientist, / who by this time / was going mad, / tried a final time.
科学者は　　もうこのときには　　怒っていたが　　最後にもう1度試してみた

"Look, / I'll ask you a question, / and if you can't answer it,
「ねえ　　僕が君に質問をするよ　　そしてもし君がそれに答えられなかったら

you give me $5. / Then / you ask me a question, / and if I can't answer it,
君は僕に5ドル払うんだ　　次は　　　君が僕に質問をするんだ　　そしてもし僕がそれに答えられなかったら

I'll give you $50!" / Now, / the poet / was not that smart / academically,
僕は君に50ドルあげる」　さて　　詩人は　　そんなに頭がよくなかった　　　学問的に

but he wasn't / totally stupid. / He accepted the offer. / "Okay,"
しかし彼はわけではなかった　まったくばかという　　彼はその申し出を受け入れた　　「ではいいですか」

the scientist said, / "what is the exact distance
科学者は言った　　　正確な距離はどのくらいですか」

between the Earth and the Moon?" / The poet, / not knowing the answer,
「地球と月の間の　　　　　　　　　　詩人は　　答えがわからなかったので

didn't stop to think / about the scientist's question. / He gave / a $5 bill
じっくり考えなかった　　　　科学者の質問を　　　　　　　彼は渡した　5ドル紙幣を

to the scientist.
科学者に

4 The scientist / happily accepted the bill / and promptly said, / "Okay,
　　科学者は　　　喜んで紙幣を受け取り　　　そして即座に言った　　「よし、

now it's your turn." / The poet / thought about this / for a few minutes,
今度は君の番だ」　　詩人は　　これについて考えた　　　しばらく

then asked, / "All right, / what goes up a mountain / on three legs,
それから尋ねた　「いきますよ　山を登るものは何でしょう」　3本足で

but comes down / on four?" / The bright look / quickly disappeared
しかし降りてくるものは　4本足で　晴れやかな表情は　　すぐに消えた

from the scientist's face. / He thought about this / for a long time,
科学者の顔から　　　　彼はこれについて考えた　　長い間

using his scratchpad and computer.
メモ帳やコンピューターを使いながら

5 After about an hour of this, / the scientist finally gave up.
　　それから約1時間後　　　　　科学者はついに降参した

He unwillingly handed / the poet / a $50 bill. / The poet accepted it
彼はしぶしぶ手渡した　詩人に　50ドル紙幣を　詩人はそれを受け取った

graciously, / turning back to the window. / "Wait!" / the scientist shouted.
愛想よく　　そして窓のほうを向いた　　「待ってくれ」　科学者は叫んだ

"You can't do this to me! / What's the answer?" / The poet
「君は私に対してこんなことはできない　答えは何だ」　詩人は

looked at the scientist / and calmly put / a $5 bill / into his hands.
科学者を見た　　　そして静かに置いた　5ドル紙幣を　彼の手に

音読達成シート	日本語付	1	2	3	4	5	英語のみ	1	2	3	4	5

145

問題：別冊 p.38~40

■ 解答 ■

1	②	2	①	3	②	4	④

5	(1)	最悪の間違いの1つは，並んで順番を待たないでバスに乗ることである。
	(2)	並んで立っていることは，国民的な習慣であり，順番を待つことは礼儀正しい，または行儀が良いと思われている。
	(4)	私たちは違う国から来ただれかが，彼または彼女の行動が，彼または彼女の国ではまったく無害なものであるときでも，無作法なことをしていると思うかもしれない。

6	④	

[解説]

1 unless S V は「S が V しない限り」「S が V しなければ」という意味を持つ接続詞で，Do[Would] you mind ..... に続けて使われることはない。Do [Would] you mind if I V? は，「私が V したら気にしますか」という意味の重要会話表現。「気にしない」場合は，Of course not.「もちろん気にしません」，Certainly not.「まったく気にしません」，Not at all.「全然気にしません」のように返事をする。

◆選択肢の和訳
　×① たばこを吸ってもかまいませんか。
　○② たばこを吸わないと気にしますか。
　×③ ここでたばこを吸ってもいいですか。
　×④ たばこを吸ってもかまいませんか。

2　子どもを夜にレストランで見て驚く理由は，because 以下の部分と直後の文で示されており，直前の文の「歩きながらものを食べる」という部分は，子どもとは特に関係ない。

3　直後の「子どもは社会生活に参加していなかった」という部分をヒントに考えるとよい。①と③は子どもとの関連性がない。④では，子どもの行動が制約されるという本文の流れに反する。正解の②は古いイギリスの言い回し。

◆選択肢の和訳
　　×① 男性は常に礼儀正しくふるまうものだ，
　　○② 子どもはいてもよいが声を出してはならない，
　　×③ 女性はどのレストランにも入ることが認められていない，
　　×④ 幼い男の子や女の子は 1 人でどこへでも行ける，

4　この文のテーマは，異なる文化の社会的習慣を尊重し，受け入れること。これに沿って本文の最後を締めくくることわざは，「郷に入っては郷に従え」の④。

◆選択肢の和訳
　　×① 沈黙は金。　　　　　　　×② 好機を逃すな。
　　×③ 転石苔むさず。　　　　　○④ 郷に入っては郷に従え。

5　文の構造などに注意して和訳する。
(1)　この文の主語は One，述語動詞は is。to get ..... 以下の部分は名詞的用法の不定詞で，補語として使われている。turn には「順番」という意味がある。
(2)　and が前後の文を並べている。最初の文の主語は Standing という動名詞。it は形式主語で，to 以下の名詞的用法の不定詞を指している。consider O C「O を C だとみなす」の受動態である O be considered C「O は C だとみなされる」という形が使われている。
(4)　think の直後の接続詞 that は，文末までを他動詞 think の目的語となる名詞節としている。is being rude は一時的状態を示す be 動詞の進行形の形。

6　本文の内容との一致，不一致の理由は次のとおり。
×① 本文第 2 パラグラフで，最近では禁煙箇所が増えていると書いてあり，この選択肢は本文と矛盾する。
×② 本文第 1 パラグラフの最後に，イギリスで「並んで立っていることは国民的な習慣であり，順番を待つことは礼儀正しい，または行儀が良いと思われている」と書いてあるので，この選択肢は本文と矛盾する。
×③ 第 4 パラグラフには社会の発展と共に習慣も変化すると書いてあるのでこの選択肢は本文と矛盾している。
○④ 第 4 パラグラフで挙げられている具体例と合致する。

PARAGRAPH **1**

◎トピック

外国人が驚くイギリスの習慣 ➡ 列を作って待つ習慣。

① Visitors《 to Britain 》are（ often ）surprised （ by the strange behavior
　S　　　　　　　　　　 V

〈 of the inhabitants 〉）.

《イギリスへの》観光客 は（しばしば）（〈住民の〉奇妙な行動 に）驚く。

> ● この文は be＋Vpp＋by 〜「〜によって V される」という受動態の構文。

② One《 of the worst mistakes 》is 【 to get on a bus （ without waiting your
　S　　　　　　　　　　　　 V　　 C　　　　　　　　　　　　　　 動名詞

turn （ in the line ）)】.

《最悪の間違いの》1つ は，【（（並んで）順番を待たないで）バスに乗ること】である。

> ● to get という不定詞は名詞的用法で，補語として使われている。
> ● この文の主語は one。one は「1 つのもの[人]」という意味の代名詞として使うことができる。

③ The other people《 in the line 》will（ probably ）complain（ loudly ）!
　S　　　　　　　　　　　　 V

《並んでいる》他の人々 は（おそらく）（大声で）文句を言うだろう。

> ● the other 〜s は，その状況下での「残りすべての〜」を表す。

148

④ People respond 《 to someone 《 getting ahead (in a line)》》(in an
　 S　　　V　　　　　　　　　　　　　 現在分詞

emotional way).

人々は，《《(列を) 先に進む》人 に対しては》(感情的に) 反応する。

● in ..... way は「……な方法で」という意味の副詞句を作る。この文では，respond
　という動詞を修飾している。

⑤ Newspaper headlines describe anger 《 at people 〈 who pay (to bypass a
　 S　　　　　　　　　V　　　 O

hospital waiting list)(to get an operation 《 more quickly 》)〉》.

新聞の見出しは，《〈(手術を 《もっと急いで》 やってもらうために)(病院の順番待ち名簿
を飛び越してもらうよう) お金を払う〉人々 に対する〉怒り を伝えている。

● to bypass .....，to get ..... は副詞的用法の不定詞で，「目的」を表す用法。

● 語句

☐ visitor	名 観光客，訪問者	☐ respond to ~	熟 ~に反応する
☐ surprise	動 驚かす	☐ get ahead	熟 先に進む
☐ strange	形 奇妙な	☐ emotional	形 感情的な
☐ behavior	名 行動	☐ in ..... way	熟 ……な方法で
☐ inhabitant	名 住民	☐ headline	名 見出し
☐ get on	熟 (バスなどに)乗る	☐ describe	動 述べる
☐ without Ving	熟 V しないで	☐ anger	名 怒り
☐ turn	名 順番	☐ bypass	動 飛び越す
☐ in (a[the]) line	熟 並んで	☐ waiting list	名 順番待ち名簿
☐ probably	副 おそらく	☐ operation	名 手術
☐ complain	動 文句を言う	☐ quickly	副 急いで
☐ loudly	副 大声で		

⑥ 【 Standing（ in line ）】 is a national habit and it is considered polite or good
　　　　S　　　　　　　　　　 V 　　C 　　　　　　　S　　 V 　　　　　 C

manners [to wait your turn].

　　　　動名詞　　　　　　　　　　　　　　　　　　形式主語・to wait 以下が真主語

【（並んで）立っていること】は，国民的な習慣であり，[順番を待つこと] は礼儀正しい，
または行儀が良いと思われている。

> ● and という等位接続詞は，前後の文を並べる働きをしている。
> ● it は形式主語で，to wait .....という名詞的用法の不定詞を指して使われている。
> ● be considered .....「……とみなされる」は，consider O C「O を C とみなす」
> の文が，O be considered C と受動態になった形なので，直後に補語の polite or
> good manners が続いている。

PARAGRAPH ②

◎トピック

近年，イギリスでは禁煙の習慣が普及しつつある。

⑦ （ In recent years ） smoking has received a lot of bad publicity, and fewer
　　　　　　　　　　　　 S　　　 V 　　　　　 O

British people （ now ） smoke.
　　S　　　　　　　　　 V

（近年は）喫煙は大変評判が悪く，（今では）喫煙するイギリス人は少なくなっている。

> ● 直訳すると，receive a lot of bad publicity は「多くの悪評を受けている」，fewer
> British people now smoke は「今ではより少ないイギリス人がたばこを吸う」と
> なるが，日本語に訳す場合には，訳例のように自然な日本語になるよう工夫する。

⑧ Many companies have banned smoking （ from their offices ）.
　　　 S　　　　　　　 V 　　　　 O

多くの会社が，（オフィスでの）喫煙を禁止している。

> ● ban A from B は「B における A を禁止する」という意味の重要表現。

形式主語・to smoke 以下が真主語

⑨ It is less and less acceptable 【 to smoke in a public place 】.
S V   C

【公共の場で喫煙すること】はだんだん受け入れられなくなっている。

● It は形式主語で，to smoke ..... という名詞的用法の不定詞を指している。
● 〈比較級 and 比較級〉は「ますます…」という意味になる。形容詞や副詞の前に less and less を置くと，「ますます…でない」という否定的な意味になる。

---

⑩ Smoking is no longer allowed （ on the London underground, in cinemas and
S   V

theaters and most buses ）.

喫煙は今や（ロンドンの地下鉄，映画館や劇場，そして大部分のバス内では）許可されていない。

● no longer ..... は not ..... any longer とも書き換えることができる重要構文で，「もはや……ない」という意味になる。

● 語 句

☐ national	形 国民的な	☐ less	形 より少ない，より小さい
☐ habit	名 習慣	〈little-less-least〉	
☐ consider	動 思う，みなす	☐ less and less	熟 ますます……でない
☐ polite	形 礼儀正しい		
☐ manners	名 行儀	☐ acceptable	形 受け入れられる
☐ recent	形 最近の	☐ no longer [not	熟 もはや……ない
☐ receive	動 受ける	any longer]	
☐ publicity	名 評判	☐ allow	動 許可する
☐ company	名 会社	☐ underground	名 地下鉄
☐ ban A from B	熟 B における A を禁止する	☐ cinema	名 映画館
		☐ theater	名 劇場

形式主語・to smoke 以下が真主語

⑪ It is considered bad manners 【 to smoke (in someone's house) (without
S　　V　　　　C

asking "Would you mind if I smoke?") 】
動名詞　　　S　　V　　　O

【 (だれかの家で) (「たばこを吸ってもいいですか」と尋ねないで) 喫煙すること 】は，行儀
が悪いと思われている。

- It は to smoke ..... 以下の名詞的用法の不定詞を指す形式主語。
- Would you mind if I V? は「私が V しても気にしませんか」という意味の重要会話表現。

PARAGRAPH 3

◎トピック
- イギリスでは通りでものを食べるのは一般的である。
- イギリスのレストランなどでの子どもの扱い。

形式主語・to eat 以下が真主語

⑫ On the other hand, (in some countries) it is considered bad manners 【 to
S①　　V①　　　　C①

eat in the street 】, (whereas (in Britain) it is common [to see people
接続詞　　　　　　　　　形式主語・to see 以下が真主語 S②V②　　C②

having a snack (while walking down the road)], (especially at
接続詞　　　　they are が省略

lunchtime)).

その一方で，(国によっては) 【 通りでものを食べること 】は行儀が悪いと考えられているが
(これに対して，(イギリスでは)，[(特に昼食時に) (道を歩きながら) 軽食をとっている
人々を見ること 】は一般的である)。

- on the other hand「その一方で」は，直前の内容と対照的な内容を直後に述べる場合に使われるつなぎ言葉。
- whereas という接続詞は while と置き換えることもでき，whereas S V という形で「一方で S は V する」という意味になる。
- see ～ Ving は「～が V しているのを見る」という意味の重要構文。

152

⑬ The British may be surprised 〔 to see young children (in restaurants) late
    S   V

at night 〕〔 because children are not (usually) taken out to restaurants
             S   V

(late at night)〕 and, 〔 if they make noise 〔 in public or in a restaurant 〕〕,
                     S′ V′   O′

it is considered very rude.
S   V   C

イギリス人は，〔夜遅くに（レストランで）幼い子どもたちを見ると〕驚くかもしれない，
〔なぜなら子どもたちは（普通），（夜遅くに）レストランへ連れ出されないからである〕そ
して，〔もし彼らが（公共の場で，あるいはレストランで）騒いだら〕，それは大変無作法だ
とみなされる。

● to see ..... は「感情の原因」を表す副詞的用法の不定詞。
● 等位接続詞の and は前後の文を並べる働きをしている。
● it は直前の内容を指している。この文で指しているのは「子どもが公共の場やレス
　トランで騒ぐこと」。

●語句

☑ without Ving	熟 Ｖしないで	☑ have a snack	熟 軽く食事をする
☑ mind	動 気にする	☑ especially	副 特に
☑ on the other hand	熟 一方では	☑ take out	熟 連れ出す
☑ whereas[while] S V	構 一方でＳはＶ する	☑ make noise	熟 騒ぐ
☑ common	形 一般的な	☑ in public	熟 公共の場で
☑ see ~ Ving	構 ～がＶしている のを見る	☑ rude	形 不作法な

⑭ **(** About one hundred years ago **),** it used to be said "Children should be

（形式主語・"Children ....." が真主語）

should not be heard の略

	S	V	O	S'　　V'①

seen and not heard," **(** since children did not participate **(** at all **)** **(** in public

V'②　　　　　　　S　　　　V

life **))**.

(約 100 年前**)**,（子どもたちは **(**まったく**)**（公的な生活に）参加していなかったので），「子
どもはいてもよいが声を出してはならない」と言われたものだ。

- ● it は形式主語で，直後の引用された言葉を指している。
- ● used to V は「V したものだ」という意味で「過去の習慣や状態」を表す。
- ● not ..... at all は「まったく……ない」という意味の完全否定の構文。

⑮ **(** In recent years **)** they are playing a more active role and they are **(** now **)**

S　　　V　　　　　O　　　　　　　　　S　　V

accepted **(** in many pubs and restaurants **)**.

(近年では**)**，子どもたちはもっと積極的な役割を果たしており，（今では）**(**多くのパブやレ
ストランで**)** 受け入れられている。

- ● they という代名詞は children を指している。
- ● and という等位接続詞が，前後の文を並べる働きをしている。

PARAGRAPH 4

◎トピック
- 社会的な規則を学ぶのは難しい。
- 社会的な規則は変化する。➡ 例：女性のパブでの飲酒。

⑯ Good and bad manners make up the social rules **《** of a country **》** and are

S　　　　　　　V①　　O①　　　　　　　　　　　　　V②

not always easy to learn **(** because they are not often written down **(** in

C②　　　　　　　　　S　　　　　V

books **))**.

作法の良い悪いは，《国の》社会的な規則を作り上げる，そして《それらはあまり（本に）記録されないので》，学ぶのが常に簡単とは限らない。

- ● and という等位接続詞が，Good and bad manners を主語とする make と are という 2 つの動詞を並べている。
- ● not always …… は「常に……とは限らない」という意味の部分否定の構文。

⑰ <u>These rules</u> <u>may （ also) change</u> (as <u>the society</u> <u>develops</u>); (for
    S   V   S′   V′

example), <u>women</u> <u>did not go into</u> <u>pubs</u> (at the beginning of the 20th
            S   V   O

century) (because <u>it</u> <u>was not considered</u> respectable behavior ≪ for a
          go into pubs を指す S   V   C

woman ≫).

これらの規則は《また》《社会が発展するにつれて》変化するかもしれない。《たとえば》，(20 世紀の始めには) 女性はパブに入らなかった，《なぜならそれは《女性にとっての》まともな行動だと思われていなかったからである》。

- ● as という接続詞には，「ので」「とき」「ように」「つれて」の意味があるが，この文のように change や develop など，徐々に進行するような動詞と共に使われている場合は，「つれて」と解釈するとよい。
- ● it は直前の go into pubs「パブに入る」という部分を指している。

● 語 句

☐ used to V	助 V したものだ	☐ write down	熟 記録する
☐ not ..... at all	熟 まったく……ない	☐ as	接 ……（する）につれて
☐ participate	動 参加する		
☐ active	形 積極的な	☐ society	名 社会
☐ role	名 役割	☐ develop	動 発展する
☐ accept	動 受け入れる	☐ for example	熟 たとえば
☐ make up	熟 作り上げる	☐ at the	熟 ～の始めに
☐ social	形 社会的な	beginning of ～	
☐ rule	名 規則	☐ respectable	形 まともな
☐ not always	熟 常に……とは限らない		

⑱（ Now ） both women and men drink （ freely ）（ in pubs ） and women are
_S　　　　　　　　　　　　 _V　　　　　　　　　　　　　　 _S

more integrated （ into public life ）.
_V

【今では】女性も男性も（自由に）（パブで）酒を飲み，女性は（公的な生活に）よりとけ込
んでいる。

● 等位接続詞の and が前後の文を並べる働きをしている。

PARAGRAPH 5

◎トピック

違う国の社会的習慣を文化の違いとして認め，従う必要性。★ テーマ ★

接続詞

⑲ We may think 【 that someone 《 from a different country 》 is being rude
_S　 _V　　 _O　　 _{S′}　　　　　　　　　　　　　　　　　　　　 _{V′}　　 _{C′}

（ when his or her behavior would be （ perfectly ） innocent （ in his or her
　　　　　 _{S″}　　　　　　　 _{V″}　　　　　　　　　　 _{C″}

own country ）】.

私たちは【《違う国から来た》 だれか が，《彼または彼女の行動が（彼または彼女の国では）
（まったく）無害なものであるときでも），無作法なことをしている】と思うかもしれない。

● be being ..... は be 動詞を進行形にした形で，「一時的な状態」を表している。be
動詞の後ろに動作や行動を示す形容詞があるときは，be 動詞を動作動詞に準じて
進行形にすることがある。

⑳ Social rules are │an important part│ 《 of our culture 》 （ as they are passed
　　S　　　V　　　　　C　　　　　　　　　　　　　　　　　S′　　V′

down through history ）.

社会的な規則は，《〖それらが歴史を通して伝えられるので〗，《私たちの文化の》│重要な部分│
である。

●この文での as は「ので」という意味で使われている。

㉑ The British have │an expression│ 《 for 〖 following these "unwritten rules" 〗 》:
　　S　　　V　　　　O
　　　　　　　　you are が省略
"（ When in Rome ）, do （ as the Romans do ）."
　　　　V　　　　　　　　　S′　　　　　V′

イギリス人は，《〖このような「不文律」に従うこと〗を表す》│表現│を持っている。その表
現とは「（ローマへ行ったら）（ローマ人たちが行動しているように）行動しなさい」である。

●When in Rome, do as the Romans do. は，日本語のことわざで言うと，「郷
　に入っては，郷に従え」である。
●When の直後には you are が省略されていると考えるとよい。

●語句

☐ freely	副 自由に	☐ pass down	熟 伝える
☐ integrate	動 とけ込む	[hand down]	
☐ perfectly	副 まったく	☐ expression	名 表現
☐ innocent	形 無害な	☐ following	形 次に述べる
☐ important	形 重要な	☐ unwritten rule	名 不文律
☐ culture	名 文化		

速読トレーニング

1 Visitors to Britain / are often surprised / by the strange behavior /
イギリスへの観光客は　　しばしば驚く　　　　奇妙な行動に

of the inhabitants. / One of the worst mistakes / is to get on a bus
住民の　　　　　　最悪の間違いの1つは　　　　バスに乗ることである

without waiting your turn / in the line. / The other people / in the line
順番を待たないで　　　　並んで　　　　他の人々は　　　並んでいる

will probably complain / loudly! / People respond / to someone getting ahead /
おそらく文句を言うだろう　大声で　人々は反応する　　先に進む人に対して

in a line / in an emotional way. / Newspaper headlines / describe
列を　　　感情的に　　　　　新聞の見出しは　　　　伝えている

anger at people / who pay / to bypass / a hospital waiting list
人々に対する怒りを　お金を払う　飛び越してもらうよう　病院の順番待ち名簿を

to get an operation / more quickly. / Standing in line / is a national habit
手術をするように　　もっと急いで　並んで立っていることは　国民的な習慣である

and it is considered / polite or good manners / to wait your turn.
そして思われている　礼儀正しい，または行儀が良いと　順番を待つことは

2 In recent years / smoking / has received a lot of bad publicity,
近年は　　　　喫煙は　　　大変評判が悪く

and fewer British people / now smoke. / Many companies
イギリス人は少なくなっている　今では喫煙する　多くの会社が

have banned smoking / from their offices. / It is less and less acceptable
喫煙を禁止している　　オフィスでの　　　　だんだん受け入れられなくなっている

to smoke / in a public place. / Smoking / is no longer allowed
喫煙することは　公共の場で　　喫煙は　　今や許可されていない

on the London underground, / in cinemas and theaters / and most buses.
ロンドンの地下鉄では　　　　映画館や劇場では　　　そして大部分のバス内では

It is considered bad manners / to smoke / in someone's house
行儀が悪いと思われている　　喫煙することは　だれかの家で

without asking / "Would you mind if I smoke?"
尋ねないで　　　「たばこを吸ってもいいですか」と

3 On the other hand, / in some countries / it is considered bad manners
その一方で　　　　国によっては　　　行儀が悪いと考えられているが

to eat in the street, / whereas in Britain / it is common
通りでものを食べることは　これに対してイギリスでは　一般的である

to see people having a snack / while walking down the road, / especially
人々が軽食をとっているのを見ることは　道を歩きながら　　　　特に

at lunchtime. / The British / may be surprised / to see / young children
昼食時に　　　イギリス人は　驚くかもしれない　見ると　幼い子どもたちを

in restaurants / late at night / because children / are not usually taken out
レストランで / 夜遅くに / なぜなら子どもたちは / 普通連れ出されないからである

to restaurants / late at night / and, / if they make noise / in public
レストランへ / 夜遅くに / そして / もし彼らが騒いだら / 公共の場で

or in a restaurant, / it is considered / very rude.
あるいはレストランで / それはみなされる / 大変無作法だと

About one hundred years ago, / it used to be said / "Children should be seen
約100年前 / 言われたものだ / 「子どもはいてもよいが

and not heard," / since children did not participate / at all / in public life.
声を出してはならない」と / 子どもたちは参加していなかったので / まったく / 公的な生活に

In recent years / they are playing / a more active role
近年では / 子どもたちは果たしている / もっと積極的な役割を

and they are now accepted / in many pubs and restaurants.
そして彼らは今では受け入れられている / 多くのパブやレストランで

❹ Good and bad manners / make up the social rules / of a country
作法の良い悪いは / 社会的な規則を作り上げる / 国の

and are not always easy / to learn / because they are not often written down
そして常に簡単とは限らない / 学ぶのが / それらはあまり記録されないので

in books. / These rules / may also change / as the society develops;
本に / これらの規則は / また変化するかもしれない / 社会が発展するにつれて

for example, / women did not go into pubs / at the beginning
たとえば / 女性はパブに入らなかった / 始めには

of the 20th century / because / it was not considered / respectable behavior
20世紀の / なぜなら / それは思われていなかったからである / まともな行動だと

for a woman. / Now / both women and men / drink freely / in pubs
女性にとっての / 今では / 女性も男性も / 自由に酒を飲む / パブで

and women are more integrated / into public life.
そして女性はよりとけ込んでいる / 公的な生活に

❺ We may think / that someone / from a different country / is being rude
私たちは思うかもしれない / だれかが / 違う国から来た / 無作法にしている

when his or her behavior / would be perfectly innocent
彼または彼女の行動が / まったく無害なものであるときでも

in his or her own country. / Social rules / are an important part
彼または彼女の国では / 社会的な規則は / 重要な部分である

of our culture / as they are passed down / through history. / The British
私たちの文化の / それらが伝えられるので / 歴史を通して / イギリス人は

have an expression / for following these "unwritten rules":
表現を持っている / このような「不文律」に従うことを表す

"When in Rome, / do as the Romans do."
その表現とは「ローマへ行ったら / ローマ人たちが行動しているように行動しなさい」である。

音読達成シート	日本語付	1	2	3	4	5	英語のみ	1	2	3	4	5

■ 解答 ■

1	(1)	④	2	(a)	③
	(2)	③		(b)	④
	(3)	①		(c)	③
	(4)	③		(d)	①
	(5)	①	3	①	
	(6)	②	4	②	
			5	①, ⑥	

[解説]

1 文の前後の意味やイディオムなどに注意して，適切なものを選ぶ。

(1) 「目的」を表し，「～のための」という意味で使うことができる前置詞は for。

◆選択肢の和訳
（＊things を含めた意味）
×① ものについて   ×② ものの中に
×③ ものから   ○④ もののための

(2) 広告がない場合に，人々がどのような行動をとるのかを，文の流れと照らして考えるとよい。stop Ving は「V するのをやめる」という意味。

◆選択肢の和訳
×① 考慮する   ×② 楽しむ
○③ やめる   ×④ 続ける

(3) 紙は木から作られるわけだから，紙を節約すると当然「森」は「救われる」こととなる。save には「節約する」という意味に加えて「救う」という意味もある。

◆選択肢の和訳
○① 救われる   ×② 増やされる
×③ 消滅する   ×④ 保護する

(4) 「数日間」でも，空がきれいになるのには速いのに，「数時間」というのは驚くべき速さである，と考えられる。このような驚くべき内容を「～でさえ」と強調する場合には，副詞の even が使われる。

◆選択肢の和訳
× ① なお   × ② それほど
○ ③ ～でさえ   × ④ 別に

(5) 「動き回る」という内容を表現するためには，get around というイディオムを使えばよい。

◆選択肢の和訳
(＊get を含めた意味)
○ ① 動き回る   × ② 先へ進む
× ③ 渡る   × ④ 着く

(6) make sure (that) S V は「S が V するのを確認する」という意味の重要イディオム。ascertain (that) S V とも書き換えることができる。

◆選択肢の和訳
(＊make を含めた意味)
× ① 理解する   ○ ② 確かめる
× ③ 明らかにする   × ④ 役立つ

2 文の前後の意味やパラグラフのトピックなどに注意して，適切なものを選ぶ。

(a) この文は A nice side effect「すばらしい副作用」が主語で，述語動詞は is，that 節が補語となっている。主語(S)と補語(C)の間には S＝C の関係があるので，that 節内で，主語の A nice side effect の内容が示されていると考えればよい。that 節内の内容と合致するのは③。

(b) aesthetic sense は「美的感性」という意味。単純な語彙の問題。単語自体を知らない場合でも，文脈に適合するものを選ぼうと努めることが重要。

(c) it が直接指しているのは直前の all such material「すべてのそのような物質」。これは前文の radioactive material「放射性物質」のこと。

◆選択肢の和訳
× ① 地球   × ② ブラックホールの 1 つ
○ ③ 放射性物質   × ④ 法律

(d) like that は「そのような」という意味で，直前を受けている。このパラグラフの先頭に置かれ，このパラグラフのトピックとなっている a law abolishing the right of belligerency「交戦権を廃止する法律」を選べばよい。この文章はパラグラフごとに明確に異なったトピックが論じられているので，代名詞が別のパラグラフの内容を指しているとは極めて考えにくい。

◆選択肢の和訳
○① 交戦権を廃止する法律　　×② 独裁者に対する法律
×③ 正当防衛の法律　　×④ 法廷

3 正解文：recover the dignity that advertising has stolen from us
ここで使われている that は関係代名詞の目的格で，which とも置き換えることができる。このような関係代名詞の目的格の後ろには，stolen のような他動詞や，前置詞の直後に目的語が欠落した不完全な文が置かれる。

4 このパラグラフで筆者は戦争反対を論じている。その文脈に即した選択肢を選ぶようにする。③，④は戦争とは関係ない。①では，個人の責任を国家に転嫁していることになり，筆者の主張に反する。

5 本文の内容との一致，不一致の理由は次のとおり。
○ ① 第2パラグラフの内容と合致する。
× ② 第5パラグラフに，「兵士ですら法廷で正当防衛を立証しなければならない」とあるので，「機会すら与えられない」というのは本文と矛盾する。
× ③ 第3パラグラフに，「太りすぎの人が減る」と書いてあるので，「体重が増える」という部分は本文の内容と矛盾する。
× ④ 第2パラグラフで筆者が提案している新しい法律が施行されれば，「人々は不要なものを買わなくなる」と書いてあるので，「購買欲はおとろえず」という部分は本文の内容と矛盾する。
× ⑤ 第2パラグラフの，「ジャガイモやリンゴのようなもののための広告は見ない」とあるので，「必要とするものは何でも」という部分は本文と矛盾する。
○ ⑥ 第4パラグラフの内容と合致する。
× ⑦ 第2パラグラフで筆者は広告を全面的に否定しているので，この選択肢の内容は本文と矛盾する。

PARAGRAPH 1

◎トピック

独裁者になったらどんな法律を作るか。

① Suppose 【ᵗʰᵃᵗ が省略 you were an absolute dictator and had the power 《 to make any
V   O S'   V'①   C'①   V'②   O'②
law 〈 you wanted to 〉》】.
└── make の省略

仮に【あなたが絶対的な独裁者で，《〈あなたが望む〉どんな法律でも作れる》力を持って
いる】としよう。

- Suppose の直後には，名詞節を作る接続詞の that が省略されている。
- Suppose (that) S Vp は「仮に S が V するとしてみよう」という意味の仮定法過
  去の構文。
- you wanted to の直後には，反復を避けて make が省略されている。

② What laws would you make?
   O   S   V

あなたはどんな法律を作るだろうか。

- この文での what は直後の名詞とセットで疑問詞句を作る，「どのような〜」という
  意味の疑問形容詞。
- 仮定の状況での話をしているので，「……だろう」という仮定の意味を持った would
  という助動詞が使われている。

●語句

☐ suppose   構 仮に S が V する   ☐ absolute   形 絶対的な
  (that) S Vp   としてみよう   ☐ dictator   名 独裁者

163

◎トピック

広告を廃止する。➡ 様々なよい結果を生む。

───関係代名詞 that が省略

③ The first law 《 I would make 》 would prohibit all advertising.
　　　S　　　　　　S'　　　V'　　　　　　V　　　　　　O

《私が作る》最初の法律 は，すべての広告を禁止するものだろう。

● law の直後には関係代名詞の目的格 that が省略されている。

④ Think 【 how much better the world would be （ then ）】!
　　V　O　　　　　　　　　　C'　　　　　　　S'　　　V'

【《そうすると》世界がどれくらいよくなるか】考えてください。

● how much better の部分は疑問詞句。〈疑問詞句＋S V〉の形は名詞節を作ることができ，think という他動詞の目的語となっている。

　　　　　　　　　　　　　　　　　　　　　　関係代名詞 which[that] が省略───

⑤ The purpose 《 of advertising 》 is 【 to convince people to buy things 〈 they
　　S　　　　　　　　　　　　　　V　　　　　　　　C　　　　　　　　　　　　　S'

don't need and didn't want （ until they saw the advertisement 》〉】.
　　V'①　　　　　　V'②

《広告の》目的 は，【〈《その広告を見るまで》必要もなくほしくもなかった》もの を買うように，人々に納得させること】である。

● to convince ..... は名詞的用法の不定詞で，補語として使われている。
● things の直後には関係代名詞の目的格 which[that] が省略されている。

⑥ You never see advertisements 《 for things 〈 like potatoes or apples 〉》.
　　S　　V　　　　　O

《〈あなたはジャガイモやリンゴのような〉もの のための》広告 を決して見ない。

● like は「～のように」「～のような」という意味の前置詞で，この文では直前の名詞を修飾する句を作っている。

164

⑦（ Without advertising ）, people would stop 【 buying things 《 they don't
　　　　　　　　　　　　 S　　　　　 V　　　 O　　　　　 S'　　 V'
need 》】, and we would all be wealthier.
　　　　　　 S　　 V　　　　 C

関係代名詞 which[that] が省略

（広告がなければ），人々は【《必要のない》 もの を買うこと】をやめるだろうし，私たちは
皆，より裕福になるだろう。

● without ~ は「もしも~がなかったならば」という意味で，仮定法の if 節のように
仮定する働きをする。
● things の直後には，関係代名詞の目的格 which[that] が省略されている。

⑧（ Of course ）, a few million people 《 making their living （ by producing
　　　　　　　　　　 S　　　　　　　　　　現在分詞　　　　　　　　　　　動名詞

unnecessary things 《 — including advertisements — 》》》 would lose their
　　　　　　　　　　　　　　　　　　　　　　　　　　　　　　 V　　　　 O

jobs.

（もちろん），《《〈広告を含む〉 不必要なもの を作り出すことによって）生計を立てている》
数百万の人々 が仕事を失うだろう。

● making ..... という分詞の句が主語の people を修飾する長い句を作っている。
● この文では仮定の話をしているので，「……だろう」という意味で仮定の意味を表す
助動詞の would が使われている。

● 語句

☐ prohibit　　　　 動 禁止する
☐ advertise　　　　動 広告する
☐ purpose　　　　 名 目的
☐ convince　　　　動 納得させる
☐ advertisement 名 広告
☐ stop Ving　　　 動 V するのをやめる

☐ wealthy　　　　 形 裕福な
☐ make one's　　 熟 生計を立てる
　 living
☐ produce　　　　 動 作り出す
☐ unnecessary　　形 不必要な
☐ including ~　　 前 ~を含んで

165

⑨ We'd have to help them find some honest work.
S   V   O

私たちは彼らがまじめな仕事を見つけるのを助けなければならない。

> ● We'd は We would が短縮された形。
> ● help ～ (to) V は「～が V するのを手伝う」という意味。to 不定詞を使っても、この文のように原形不定詞を使ってもよい。

⑩ A nice side effect 《 of the abolition 〈 of advertising 〉》 is 【 that trash
          S   V C

接続詞

television and trash magazines 《 which are supported 《 by advertising 》》
             S′   V″

would disappear 】.
    V′

《〈広告の〉廃止 の》よい副作用 は，【《（広告によって）支えられている》くだらないテレビやくだらない雑誌 がなくなるだろうということ】だ。

> ● 接続詞の that は that S V という形で「S が V すること」という意味の名詞節を作る。この文では補語として使われている。

⑪ The world would become quieter, and we could begin to recover the dignity
    S   V   C   S   V   O

《 that advertising has stolen from us 》.
関係代名詞

世界はより静かになるだろうし，私たちは《広告が私たちから盗み取った》尊厳 を取り戻し始めることができるだろう。

> ● would と同様に could も，「……できるだろう」という仮定法の帰結節の形。前の文の「もし広告が廃止されれば」という内容を受けている。
> ● この文での that は，which と置き換えることができる関係代名詞の目的格。

⑫ <u>We</u> <u>might</u> **(even)** <u>be able to recover</u> │our aesthetic sense│ **《** of design and
　 S　　　　　　　　　　V　　　　　　　　　O

color **》**.

私たちは，**《**デザインや色の**》**│美的感性│を取り戻すこと **(さえ)** できるかもしれない。

> ● would や could と同様に might も「……かもしれない」という仮定法過去の帰結
> 　節の形。

⑬ And, **(by saving paper)**, <u>millions of hectares of the world's forests</u> <u>would be</u>
　　　　　　　　　　　　　　　　　 S　　　　　　　　　　　　　　　　V

<u>saved</u>.

そして，**《**紙を節約することによって**》**，何百万ヘクタールもの世界の森林を救うことができ
るだろう。

> ● millions of hectares of 〜は「何百万ヘクタールもの〜」という意味。millions
> 　of 〜s は「何百万もの〜」。

● 語 句

☐ help 〜 (to) V	熟 〜が V するのを 手伝う	☐ recover	動 取り戻す
		☐ dignity	名 尊厳
☐ honest	形 まじめな	☐ steal	動 盗む
☐ side effect	名 副作用	（steal-stole-stolen）	
☐ abolition	名 廃止	☐ aesthetic sense	名 美的感性
☐ trash	名 くだらないもの	☐ design	名 デザイン
☐ support	動 支える	☐ save	動 節約する，救う
☐ disappear	動 なくなる	☐ hectare	名 ヘクタール
☐ quiet	形 静かな	☐ millions of 〜	熟 何百万もの〜
☐ be able to V	熟 V することがで きる		

◎トピック

大都市を中心に私用の自動車を禁止する。➡ 様々な良い結果を生む。

⑭ (Then) I'd make a law 《 against private automobiles 》, (at least) (in big
              S   V   O

cities).

（それから）私は（少なくとも）（大都市で）《私用の自動車を禁止する》法律 を作るだろう。

- I'd は I would が短縮された形。
- against は「対立・反対」を表す前置詞。ここでは直前の名詞を修飾する句を作っている。

⑮ (Within days or even hours 《 after the automobiles disappeared 》), people
                             S'   V'   S

would see the bright, clear sky (again).
  V   O

（《自動車がなくなった後》数日かほんの数時間 以内に）人々は（再び）明るくきれいな空を見るだろう。

- after は，前置詞としても接続詞としても使うことができるが，ここでは直後に節が置かれているので，接続詞とわかる。

⑯ (At night), you could see the Milky Way (even in Tokyo, Los Angeles and
              S   V   O

Mexico City).

（夜には），（東京，ロサンゼルスやメキシコシティーでさえも）天の川を見ることができるだろう。

- 仮定の話をしているので，「……できるだろう」という意味で，仮定法で使う助動詞の could が使われている。

⑰ People could get around **(** by trains and bicycles, and by walking **)**.
　　S　　　　V

人々は,**(**電車や自転車,そして歩いて**)**動き回れるだろう。

⑱ Everybody would be healthier, and fewer people would be overweight.
　　　S　　　V　　　C　　　　　　　S　　　　　V　　　C

みんなもっと健康になるだろうし,太りすぎの人はもっと少なくなるだろう。

● 等位接続詞の and は,前後の文を並べる働きをしている。

⑲ No more big traffic accidents, no more oil wars.
　└──There would be が省略

もはや大きな交通事故はなく,もはや石油戦争もない。

● 主語述語はなく,ポイントとなる名詞だけが列挙されている。文脈上,There would be ..... のような表現が省略されていると考えるとよい。

⑳ **(** Of course **)**, private automobiles might disappear **(** naturally **)** **(** after
　　　　　　　　　　S　　　　　　　　V

advertising is abolished **)**.
　　S′　　　　V′

(もちろん**)**,私用の自動車は（広告が廃止された後で）**(**自然に**)**なくなるだろう。

●「私用の自動車は必需品ではないので,広告がなければだれも買う気を起こさない」という含みがある。

● 語 句

☐ against	前	反対して,禁止して	☐ the Milky Way	名	天の川
☐ private	形	私用の	☐ get around	熟	動き回る
☐ automobile	名	自動車	☐ healthy	形	健康な
☐ at least	熟	少なくとも	☐ overweight	形	太りすぎの
☐ within	前	～以内に	☐ (be) no more	熟	もはや(存在)しない
☐ even	副	～(で)さえ	☐ traffic accident	名	交通事故
☐ bright	形	明るい	☐ naturally	副	自然に
☐ clear	形	きれいな,澄んだ	☐ abolish	動	廃止する

169

PARAGRAPH 4

◎トピック

放射性物質の製造・所持を禁止する。

㉑ And (of course), I would make a law 《 prohibiting the mining, manufacture,
S   V   O
現在分詞

possession or sale 〈 of radioactive material 〉 》.

そして《もちろん》，私は，《〈放射性物質の〉 採鉱，製造，所有や販売 を禁止する》 法律
を作るだろう。

- prohibiting ..... は現在分詞で，文末までの部分が law という名詞を修飾する形容
  詞句を作っている。

㉒ I would rid the Earth of all such material (by sending it up (in rockets
S V   O

《 aimed at one of the black holes 〈 in outer space 〉 》)).

私は，（（《〈宇宙空間にある〉 ブラックホールの1つ に向けた》 ロケット に入れて）打ち
上げることによって，）地球からすべてのそのような物質を取り除くだろう。

- rid A of B は「A から B を取り除く」という意味。of という前置詞は分離を表し
  て使われている。
- by Ving は「V することによって」という意味の，手段を表す動名詞の構文。

170

接続詞 that が省略

㉓ 《 To make sure 【 the rockets reached their destination 】 》 I would have
　　　　　　　　　　S′　　　　　　V′　　　　　O′　　　　　　　　S　　　V

each one manned （ by a crew 《 of ten nuclear engineers 》）.
　　O　　　　C

（【ロケットが目的地に到着したこと】を確かめるために,）私はそれぞれに（《10人の核を
扱う技術者の》乗組員 による）人員を配置させるだろう。

● make sure (that) S V は「S が V するのを確認する」という意味の重要構文。that
が省略されている。
● have ～ Vpp は「～を V してもらう[V させる]」という意味の,使役の意味を表
す構文。

PARAGRAPH 5

◎トピック

交戦権を廃止する。➡ 国家ではなく個人が責任を持つ。

㉔ 《 Then 》 I would make a law 《 abolishing the right 〈 of belligerency 〉》.
　　　　　　　S　　V　　　O　　　　　　　　　　現在分詞

《それから》私は《〈交戦の〉権利 を廃止する》法律 を作るだろう。

● abolishing という現在分詞以降の部分が,直前の名詞を修飾する形容詞句を作っている。

語句

☐ mining	图 採鉱	☐ outer space	图 宇宙空間
☐ manufacture	图 製造	☐ make sure that S V	熟 S が V するのを
☐ possession	图 所有	[ascertain (that) S V]	確認する
☐ sale	图 販売	☐ destination	图 目的地
☐ radioactive	图 放射性物質	☐ man	動 人員を配置する
material		☐ crew	图 乗組員
☐ rid A of B	熟 A から B を	☐ nuclear	形 核の
	取り除く	☐ engineer	图 技術者
☐ send up	熟 打ち上げる	☐ right	图 権利
☐ aim	動 向ける	☐ belligerency	图 戦争行為,交戦

㉕ Anyote《 who wants to fight a war 》would have to do it 《 on his or her own
　　S　　　　V'　　O'　　　　　　　　V　　　O

responsibility 》.

《戦争をしたい人は》だれでも（自らの責任で）そうしなければならないだろう。

● 肯定文で使われる any 〜 は，「どんな〜でも」という意味になる。anyone は「だ
　 れでも」という意味。

㉖ No hiding 〘 behind the myth 《 of the State 》〙.

《国家という》（幻想の背後に）隠れてはならない。

● No parking.「駐車禁止」のように，No Ving. は「V してはならない」の意味で，
　 掲示や標語などに使われる。ここではその形をもじって表現している。

㉗ 〘 If you shoot somebody 〙, 〘 even if you are a soldier 〙, you will be arrested,
　　　　S' V'　　O'　　　　　　　　　　　S' V'　　C'　　　S　　　V①

and have to prove 〘 in a court of law 〙【 that you did it 〘 in self-defense 〙】.
　　　V②　　　　　　　　　　　　　　　　O　　 S" V" O"

《もしあなたがだれかを撃ったら》，《たとえあなたが兵士であるとしても》，逮捕されるだろ
う，そして《法廷で》【あなたが（正当防衛で）そうしたということ】を証明しなければな
らない。

● even if S V は「たとえ S が V するとしても」という意味で，譲歩を表す重要構
　 文。
● 接続詞の and は will be arrested と have to prove という you を主語とする 2
　 つの動詞を並べる働きをしている。

172

㉘ The same would be true for politicians 《 who order someone to shoot someone 》.
　　S　　　　V　　　C　　　　　　　　　　　　　　　　V′　　O′　　　C′

同じことが，《だれかにだれかを撃つように命令する》政治家 にあてはまるだろう。

● The same 「同じこと」は直前の内容を指し，「自分の行った行為に対して自分で
責任を持つ」ということ。

㉙ 《 Of course 》, (with a law like that) just about every president and prime
　　　　　　　　　　　　　　　　　　　　　　　　　　　S

minister 《 in the world 》 would be in jail.
　　　　　　　　　　　　　　V

《もちろん》,（そのような法律があったならば,）《世界の》ほぼすべての大統領や首相 が刑
務所に入ることになるだろう。

● with ～ は without ～ の反対の表現で「～があったならば」という意味で，仮定法
の構文で使われる。

● 語 句

☐ fight	動 戦う	☐ court of law	名 法廷
☐ responsibility	名 責任	☐ self-defense	名 正当防衛
☐ hide behind ～	熟 ～の後ろに隠れる	☐ be true for[of] ～	熟 ～にあては
☐ myth	名 神話		まる
☐ shoot	動 撃つ	☐ politician	名 政治家
☐ even if S V	構 たとえSがVす	☐ order	動 命じる
	るとしても	☐ just about	熟 ほぼ
☐ soldier	名 兵士	☐ president	名 大統領
☐ arrest	動 逮捕する	☐ prime minister	名 首相
☐ prove	動 証明する	☐ jail	名 刑務所

◎トピック

読者への問いかけ

「あなたはどんな法律を作りますか」

㉚ Those are │the first laws│《 I would make 》(if I were a dictator).
　　S　　V　　　　C　　　　　S′　V′　　　　　　S′　V′　　C′

《もし私が独裁者なら，》それらは《私が作る》│最初の法律│である。

- laws の直後には関係代名詞の目的格の that が省略されている。

㉛ What law would you make?
　　O　　　　S　　V

あなたはどんな法律を作るだろうか。

㊟━you would make が省略

㉜ Let me guess: │a law│《 against dictators 》.
　　V　O

想像させてください。《独裁者を禁止する》│法律│でしょう。

- let me V は「V させてください」という意味の重要表現。let 〜 V は「〜に V させてやる」という意味で，「許可」を表す，原形不定詞を使った表現。
- これまで自分が述べてきたことが過激すぎる意見であることを意識して，最後にジョークの「落ち」をつけたもの。

●語句

☑ let 〜 V　　　　動 〜に V させてやる　　　☑ guess　　　動 想像する
　（原形不定詞）

速読トレーニング

① Suppose / you were an absolute dictator / and had the power /
仮定してみよう / あなたが絶対的な独裁者で / そして力を持っていると /

to make any law / you wanted to. / What laws / would you make?
どんな法律でも作れる / あなたが望む / どんな法律を / あなたは作るだろうか

② The first law / I would make / would prohibit / all advertising.
最初の法律は / 私が作る / 禁止するものだろう / すべての広告を

Think / how much better / the world would be / then!
考えてください / どれくらいよく / 世界がなるか / そうすると

The purpose of advertising / is to convince people / to buy things
広告の目的は / 人々を納得させることである / ものを買うように

they don't need / and didn't want / until they saw the advertisement.
必要もなく / そしてほしくもなかった / 彼らが広告を見るまで

You never see advertisements / for things / like potatoes or apples.
あなたは決して広告を見ない / もののための / ジャガイモやリンゴのような

Without advertising, / people / would stop buying things / they don't need,
広告がなければ / 人々は / ものを買うことをやめるだろう / 必要のない

and we / would all be wealthier. / (Of course, / a few million people
そして私たちは / 皆，より裕福になるだろう / もちろん / 数百万の人々が

making their living / by producing / unnecessary things
生計を立てている / 作り出すことによって / 不必要なものを

— including advertisements / — would lose their jobs.
広告を含む / 仕事を失うだろう

We'd have to help them / find some honest work.) / A nice side effect
私たちは彼らを助けなければならない / まじめな仕事を見つけるのを / よい副作用は

of the abolition of advertising / is that trash television / and trash magazines
広告の廃止の / くだらないテレビ / そしてくだらない雑誌が

which are supported / by advertising / would disappear. / The world
支えられている / 広告によって / なくなるだろうということだ / 世界は

would become quieter, / and we / could begin to recover / the dignity
より静かになるだろう / そして私たちは / 取り戻し始めることができるだろう / 尊厳を

that advertising / has stolen from us. / We might even be able to recover
広告が / 私たちから盗み取った / 私たちは取り戻すことさえできるかもしれない

our aesthetic sense / of design / and color. / And, / by saving paper,
私たちの美的感性を / デザインの / そして色の / そして / 紙を節約することによって

millions of hectares / of the world's forests / would be saved.
何百万ヘクタールもの / 世界の森林を / 救うことができるだろう

③ Then / I'd make a law / against private automobiles, / at least
それから / 私は法律を作るだろう / 私用の自動車を禁止する / 少なくとも

175

in big cities. / Within days or even hours / after the automobiles disappeared, /
大都市で 数日かほんの数時間以内に 自動車がなくなった後

people would see / the bright, clear sky / again. / At night, /
人々は見るだろう 明るくきれいな空を 再び 夜には

you could see the Milky Way /
天の川を見ることができるだろう

even in Tokyo, / Los Angeles and Mexico City. / People could get around /
東京や ロサンゼルスやメキシコシティーでさえも 人々は動き回れるだろう

by trains and bicycles, / and by walking. / Everybody would be healthier, /
電車や自転車で そして歩いて みんなもっと健康になるだろう

and fewer people / would be overweight. / No more / big traffic accidents, /
そしてより少ない人々が 太りすぎになるだろう もはや存在しない 大きな交通事故は

no more / oil wars. / Of course, / private automobiles / might disappear /
もはや存在しない 石油戦争は もちろん 私用の自動車は なくなるだろう

naturally / after advertising is abolished. /
自然に 広告が廃止されたあとで

4 And of course, / I would make a law / prohibiting / the mining, /
そしてもちろん 私は法律を作るだろう 禁止する 採鉱

manufacture, / possession or sale / of radioactive material. / I would rid /
製造 所有や販売を 放射性物質の 私は取り除くだろう

the Earth / of all such material / by sending it up / in rockets / aimed at /
地球から すべてのそのような物質を それを打ち上げることによって ロケットに入れて 向けた

one of the black holes / in outer space. / To make sure / the rockets /
ブラックホールの1つに 宇宙空間にある 確かめるために ロケットが

reached their destination / I would have each one manned / by a crew /
目的地に到着したことを 私はそれぞれに人員を配置させるだろう 乗組員による

of ten nuclear engineers. /
10人の核を扱う技術者の

5 Then / I would make a law / abolishing / the right of belligerency. /
それから 私は法律を作るだろう 廃止する 交戦の権利を

Anyone / who wants to fight a war / would have to do it /
だれでも 戦争をしたい人は そうしなければならないだろう

on his or her own responsibility. / No hiding behind / the myth of the State. /
自らの責任で 背後に隠れてはならない 国家という幻想の

If you shoot somebody, / even if you are a soldier, / you will be arrested, /
もしあなたがだれかを撃ったら たとえあなたが兵士であったとしても あなたは逮捕されるだろう

and have to prove / in a court of law / that you did it / in self-defense. /
そして証明しなければならない 法廷で あなたがそうしたということを 正当防衛で

The same / would be true / for politicians / who order someone /
同じことが 当てはまるだろう 政治家に だれかに命令する

to shoot someone. / Of course, / with a law / like that /
だれかを撃つように　　　もちろん　　法律があったならば　　そのような

just about every president / and prime minister / in the world /
　　ほぼすべての大統領　　　　　そして首相が　　　　　世界の

would be in jail. /
刑務所に入ることになるだろう

6 Those are the first laws / I would make / if I were a dictator. /
　　それらは最初の法律である　　　私が作る　　　　もし私が独裁者なら

What law / would you make? / Let me guess: / a law / against dictators.
どんな法律を　　あなたは作るだろうか　　想像させてください　　法律でしょう　　独裁者を禁止する

音読達成 シート	日本語 付	1	2	3	4	5	英語 のみ	1	2	3	4	5

解答と解説　　　　　　　　　　　　　　　　問題：別冊 p.45~48

■ 解答 ■

1	ロ	2	No	
3	日本にいるのだから，なくしたものは何でも戻ってくるだろうと自然に期待してしまうので，外国人の中には大変不注意な人もいる。			
4	イ	5	ハ	6	ホ
7	ロ	8	ハ	9	later
10	ホ	ト		

[解説]

1 unbelievable initiative とは「信じられないほどすばらしい自主的な行動」のこと。本文を通じて筆者の友人が体験していることの中で，この「自主的な行動」にあたるのは，「拾い主の家族が自ら落とし主に電話で知らせてくれたこと」だと考えられる。なお，文脈から，筆者はトムと同居している英語を話す人物と考えられる。

2 No sooner had S1 V1pp than S2 V2p は「S1 が V1 するとすぐに S2 は V2 した」という意味の重要構文。空所には No が入る。S1 had no sooner V1pp than S2 V2p とすることもできる。この問題は No を入れるだけの簡単な問題だが，語順を問われても対応できるようにきちんと暗記しておくこと。

3 〈some 主語＋V〉は，直訳して「何人かの～が V する」と訳すと不自然なので，「V する～もいる」と訳すとよい。expect の直後の that は接続詞で，文末までが他動詞 expect の目的語となる名詞節を作っている。that 節中の主文の主語は anything, 述語動詞は will be returned。anything の直後には，目的格の関係代名詞の that が省略されていると考える。

4 lift は「持ち上げる」，spirits は「気分」という意味。これらの単語を知らなくても文脈から推測するように努める。筆者が「バッグは見つかる可能性が高いよ」と友人に言ったのは何のためか？と考えるとよい。

5 they という代名詞は，直前の the chances「可能性」を指している。すなわち，they are excellent とは「可能性が極めて高い」ということ。可能性とは「バッグが戻ってくる可能性」のことなので，ハが正解となる。

6 下線部(6)の to は結果を表す副詞的用法の不定詞の to。only to V は「そして結局 V するだけだ」という意味の結果を表す不定詞の重要イディオム。イは「名詞的用法の不定詞の to」，ロは「形容詞の意味を限定する副詞的用法の不定詞の to」，ハとニは「判断の根拠を表す副詞的用法の不定詞の to」，ホが「結果を表す副詞的用法の不定詞の to」。grow up to be 〜も「成長して〜になる」という意味の，結果用法の不定詞の重要イディオム。

◆選択肢の和訳
　×イ．ジョンの望みは自分の店を持つことだ。
　×ロ．この部屋は働くのに快適だ。
　×ハ．ジョンソン氏が私たちを夕食に招待してくれるとは親切だ。
　×ニ．メアリーはそんなにいいご主人がいて幸運だ。
　○ホ．ナンシーは成長して有名な学者になった。

7 too ... to V は「V するには…すぎる」という意味の「程度」を表す構文。be there は「そこにある」という意味で，この文脈では「ゴミ捨て場にある」ということ。したがって，この文は「ゴミ捨て場にあるには貴重すぎるように見えた」という意味。これに合致するのはロのみ。

8 この場合の the picture は「状況，事態」という意味で使われている。ただし，普通はこのような細かな意味まで受験生は知らない場合が多いので，このような問題は文脈から推測して解答することを心がける。イ，ロ，ニ，ホは picture の原義で引っかけようとする選択肢で，この文脈には適さない。

9 トムのバッグが無事だった理由を考えるとよい。ゴミの上に置かれていたバッグが無事であるためには，ゴミ回収車が来た後ではならない。幸運であるためには，ゴミ回収の時間は「遅れた」はず。〈比較級＋than usual〉は「普段よりも…」という意味の比較の重要構文。

10 本文の内容との一致，不一致の理由は次のとおり。

× イ．トムが「アメリカ出身の学生」であるとはどこにも書いていない。

× ロ．本文には「そこに着くとすぐに気づいた」と書いてあるので，本文と矛盾する。

× ハ．タカカワ君は「2度は」電話をかけていない。

× ニ．バッグの貴重さを発見したのは「タカカワ君の母親」だった。

○ ホ．タカカワ君の母親の行為と合致する。

× ヘ．タカカワ君はバッグを「トムではなく筆者に」手渡している。

○ ト．本文の最後に書いてある内容と一致している。

徹底精読

◎トピック

トムは自転車で移動中にバッグをなくした。

① This is |a story| 《 of honesty, sheer good luck, and unbelievable initiative 》.
  S V   C   A   B   C

これは《正直, まったくの幸運, そして信じられないほどすばらしい自主的な行動の》話
である。

- A, B, and C は「A と B と C」という意味で, 3 つのものを並べる場合に使われ
  る。

② My friend Tom cycled the 10km 《 from Yoyogi to Kichijoji 》(to start |a
       S   V

heavy day's teaching| 〈 for a language school 〉).

私の友人トムは,(〈語学学校の〉つらい 1 日の授業 を始めるために)《代々木から吉祥寺
まで》10 キロ自転車で移動した。

- to start ..... は副詞的用法の不定詞で,「目的」の意味で使われている。
- cycle は自動詞だが, cycle the 10km は「いつもの決まった 10km を自転車で行
  く」という口語的な言い方。

◉語 句

☐ honesty   名 正直   ☐ initiative   名 自主的な行動
☐ sheer   形 まったくの   ☐ cycle   動 自転車で行く
☐ luck   名 運   ☐ heavy   形 つらい
☐ unbelievable   形 信じられない

181

③ No sooner had he arrived (there), (however), than he was on the
               <u>he</u> <u>arrived</u>   <u>he</u> <u>was</u>
               S   V   S   V
             (S1) (V1)   (S2) (V2)

telephone.

（しかしながら），彼は（そこに）着くとすぐに電話で話した。

> ● No sooner had S1 V1pp than S2 V2p は「S1 が V1 するとすぐに S2 は V2 した」という意味の重要構文。

④ "I've lost my bag," he said.
   S′ V′ O′   S V

「バッグをなくした」と彼は言った。

⑤ "It's got everything (in it)!"
   S′ V′   O′

「（その中に）何もかも入っているんだ」

> ● It's は It has の短縮形。have[has] got は現在完了形だが，have[has] と置き換えることができる。つまり，It has got everything. は，It has everything. と書き換えることができる。

PARAGRAPH 2

◎トピック

外国人は日本で油断してしまうこともある。

⑥ This, it seems, happens (quite a lot) (here).
   S S′ V′   V

こうしたことは，（ここでは）（かなり多く）起こるようだ。

> ● this は直前の内容を受ける代名詞で，この文では「バッグをなくすこと」を指している。
> ● この文は It seems that this happens quite a lot here. とも書き換えることができる。この文は it seems をカンマで挟み，文中に挿入した形。

⑦ <u>Some foreigners</u> <u>are</u> <u>very careless</u> 〓 because <u>they</u> 〓 automatically 〓 <u>expect</u>
　　　　S　　　　 V　　　　C　　　　　　　　　　S　　　　　　　　　　　 V

【 that 〓 because they are 〓 in Japan 〓〓 anything 《 they lose 》 will be
O　　　　　　　S′ V′　　　　　　　　　　　　　　S′　　S″ V″　　 V′

<u>returned</u> 】 〓.

（【（（日本に）いるのだから），《なくした》 ものは何でも 戻ってくるだろう】と（自然に）
期待してしまうので），外国人の中には大変不注意な人もいる。

● 接続詞の that が文末まで，expect という他動詞の目的語となる名詞節を作っている。
● anything の直後には関係代名詞の目的格 that が省略されている。

● 語 句

☑ no sooner ..... than	構	……するとすぐに
☑ however	接	しかしながら
☑ be on the phone	熟	電話で話す
☑ lose (lose-lost-lost)	動	なくす
☑ seem	動	……のように思える，……であるらしい
☑ quite	副	かなり
☑ foreigner	名	外国人
☑ careless	形	不注意な
☑ automatically	副	自動的に，自然に
☑ expect	動	期待する
☑ return	動	戻る

PARAGRAPH **3**

◎トピック

筆者はバッグが見つかる可能性が高いと言い，友人を勇気づける。

⑧ Tom wanted me to cycle around the neighborhood （ to see 【 where the black,
　　S　　V　　　O

leather bag might have fallen （ from his bicycle ）】）.
　　　S′　　　　V′

トムは私に，（【どこで（自転車から）黒い革のバッグが落ちたのか】を調べるために）付近
を自転車で回ってもらいたいと考えた。

- where という疑問詞の直後に S V が置かれ，「どこで S が V するのか」という意
味の名詞節となっている。
- might have Vpp は，過去の出来事に対しての推量の意味を持ち，「V したかもし
れない」という意味になる。

　　　　　　　　　　　　　　　┌─ 接続詞 that が省略
⑨ "Do you mean to tell me 【 you didn't secure it 】?" I said to him.
　　　S′　　V′　　　O′　　　　O′　　　　　S　V

「君は【バッグを固定してなかった】と本気で僕に言うつもりなの？」と私は彼に言った。

- mean to V は「本気で V するつもりだ」という意味の重要表現。
- me の直後には，名詞節を作る接続詞の that が省略されている。

⑩ "No," he said.
　　　　S　V

「固定しなかったんだ」と彼は言った。

- No は，I didn't secure it. を意味している。このように英語の no は，相手の発言
に反対する意味ではなく，純粋に否定の意味であることに注意。

⑪ "I left **(** in a hurry **)** and <u>cycled off</u> **(** with it balancing **(** on the back **))**."
S'V'①   V'②

「僕は**《**急いで**》**出発したんだ。（**《**後ろの荷台の上に**》**バッグをバランスをとるように置いて）自転車で出かけたんだよ」

● この文で使われている with を付帯状況の with と呼び，〈with＋名詞＋分詞[形容詞]〉の形で，「名詞を……な状態にして」という意味で使う。it はバッグを指している。

⑫ There <u>was</u> | one thing | **《** in his favor **》**.
      V   S

《彼に有利な**》**| 1 つのこと | があった。

⑬ <u>He</u> <u>lived</u> **(** in Japan **)**.
  S   V

彼は**《**日本に**》**住んでいた。

⑭ "Well," <u>I</u> <u>said</u> **(** to lift his spirits **)**, "**（** because <u>you're</u> <u>living</u> **(** in Japan **)）** | the
       S V   O   S'   V'

chances | are very good **《** that you'll get your bag back **》**.
S'   V'   C'   S"   V"   O"

「まあ」，私は（彼を元気づけるために）言った。「**（**君は**《**日本に**》**住んでいるんだから**）《**君がバッグを取り戻す**》**| 可能性 | はかなりあるよ。

● that は同格の「という」という意味で使われている接続詞だが，本来この that 節は，the chances の直後に置かれていたもの。主語の説明部分が長くなりすぎるため，that 節を文末へと移動した形になっている。

● **語句**

□ want ~ to V   動 ~に V すること
             を望む
□ neighborhood   名 付近
□ leather   名 革
□ fall   動 落ちる
  （fall-fell-fallen）
□ mean to V   熟 本気で V するつもりだ

□ secure   動 固定する
□ in a hurry   熟 急いで
□ cycle off   熟 自転車で出かける
□ balance   動 バランスをとる
□ in one's favor   熟 有利で
□ lift one's spirits   熟 ~を元気づける

⑮ 〘 In fact 〙, they are excellent."
　　　　　　　　S′　V′　C′

〘実際に〙, 可能性は極めて高いよ」

⑯ "I hope so. God, I hope so, " said Tom.
　　S′ V′　　　　　S′ V′　　　V　　S

「そうだといいんだけど。神様, そうなることを願います」とトムは言った。

> ● so は日本語の「そう」と同じように, 既出の内容の反復を避けて使われる。この場合は「バッグを取り戻す可能性が高いこと」を指している。

◎トピック

発見者からの電話があった。

⑰ True to my prediction, 〘 when the phone rang 〘 again 〙〘 about an hour or
　　　　　　　　　　　　　　　　　　　 S′　　　　V′

so later 〙〙, it was │a young Japanese│ 《 named Daisuke Takakawa 》, calling
　　　　　　　 S　V　　　　　C　　　　　　　　　　　　　　　　　　　　　　　分詞構文

to say 〖 that the bag was in his hands 〗.

私の予言通り, 〘(1 時間ほどして) 電話が 〘再び〙 鳴ったとき〙, 相手は 《タカカワダイスケという名前の》 │若い日本人│ だった, そして 〖バッグは彼が持っていること〗 を電話で言った。

> ● この文はもともと, It was true to my prediction that ..... という形式主語構文だったと考えるとよい。わかりきっている部分が略されて, この文のような形になった。
> ● it という代名詞は電話の相手を漠然と指している。

⑱ 〘 While on her way to work 〙, his mother had spotted it 〘 on the top 《 of
　　　　　　　　　　　　　　　　　　 S　　　　 V①　　 O①

a heap 〈 of garbage 〉》》 and had taken it 〘 to the local police box 〙
　　　　　　　　　　　　 V②　　　 O②

〘 only to find it closed 〙.

彼の母は 〘仕事へ行く途中で〙,（《〈ゴミの〉山 の》上 に）それを見つけた，そしてそれ
を 〘地元の交番に〙 持っていったが，（結局交番は閉まっているとわかっただけだった）。

- While の直後には she was が省略されている。このように，主節と同じ〈主語＋
　be 動詞〉は，while, when, if などの接続詞の直後ではしばしば省略される。
- only to V は「そして結局 V するだけだ」という意味の「結果」を意味する副詞的
　用法の不定詞のイディオム。

⑲ "It looked too valuable 〘 to be there 〙," she told her son 〘 when she took it
　 S′ V′　　 C′　　　　　　　　　　　　　　　 S　 V　　 O　　　　　 S′　 V′　 O′

home 〙.

「（そこにあるものとしては）高価すぎるように見えたの」と，（それを家に持ってきたとき）
彼女は息子に言った。

- 代名詞 it は，バッグを指している。
- too ... to V は「V するには…すぎる」という意味の「程度」を表す副詞的用法の
　不定詞のイディオム。

● 語句

☐ in fact	熟 実際に	☐ on the top of ~	熟 ～の上に
☐ excellent	形 極めてすぐれた	☐ heap	名 山
☐ true	形 正確な	☐ garbage	名 ゴミ
☐ prediction	名 予言	☐ local	形 地元の
☐ ~ or so	熟 ～かそこら	☐ police box	名 交番
☐ later	副 後で	☐ only to V	熟 そして結局 V するだけだ
☐ call	動 電話をかける		
☐ on one's way to ~	熟 ～へ行く途中で	☐ closed	形 閉じた
☐ spot	動 見つける	☐ valuable	形 高価な

187

PARAGRAPH 5

◎トピック

発見者親子の会話。

⑳ "What, the garbage?" he asked.
         O   S   V

「何が？ゴミが？」と彼は尋ねた。

㉑ "No, the bag," his mother replied.
    O   S   V

「違うわ，バッグよ」と彼の母は答えた。

㉒ "It's a very nice one."
   S V   C

「とてもいいものよ」

- "What, the garbage?" は "What (looked too valuable to be there), the garbage?" のこと。
- one という代名詞は bag という名詞の反復を避けて使われている。

PARAGRAPH 6

◎トピック

発見者の善行。

㉓ Daisuke Takakawa searched its contents, found a telephone number, and
     S   V①   O①   V②   O②

dialed it (immediately).
V③ O③

タカカワダイスケはその中身を調べ，電話番号を見つけ，（すぐに）そこに電話をかけた。

- searched と found と dialed という 3 つの動詞が，Daisuke Takakawa を共通の主語として並べられている。

PARAGRAPH 7

◎トピック

筆者はタカカワさんから，バッグを受け取る。

㉔ That's 【 when I came into the picture 】.
　　S　V　C　　S′　V′　　　O′

それが【私が事態に関わったとき】だった。

- That's は That is の短縮形。
- 関係副詞の when の前に，先行詞の the time が省略されていると考える。

㉕ I met Daisuke Takakawa 《 at Yoyogi Station 》 and he handed the bag (to
　S　V　　　O　　　　　　　　　　　　　　　　　　　S　V　　　O

me).

私は《代々木駅で》タカカワダイスケに会った，そして彼は（私に）バッグを手渡した。

●語句

☑ reply	動 答える	☑ immediately	副 すぐに
☑ search	動 調べる	☑ come into the	熟 事態に関わって
☑ content	名 中身	picture	くる
☑ dial	動 電話をかける	☑ hand	動 手渡す

PARAGRAPH 8

◎トピック

トムにとってのいくつもの幸運。

㉖ Tom's luck was 【 that his bag had been spotted (by a woman 《 with a
　　 S　　 V　 C　　　　　　 S′　　　　 V′
sharp eye 《 for good things 》》》】.

トムの幸運は，【彼のバッグが，（《《良いものに対して》鋭い目を持つ》女性によって）
見つけられたということ】だった。

- that S V という形で，「S が V するということ」という意味の名詞節を作る接続詞 that の節が，補語として使われている。
- バッグが見つけられたのは，主文よりもさらに前のことなので，大過去を表す過去完了形（had Vpp）が使われている。

　　　　　　　　　　　　　　　　　　　　　　　　接続詞
㉗ His next bit 《 of good fortune 》 was 【 that Daisuke spoke superb English
　　 S　　　　　　　　　　　　　　　 V　 C　　 S′　 V′①　　 O′①
　　　　　　　　　分詞構文
and, (having ascertained [that the bag belonged to a foreigner]), felt
　　　　 V′②　　　　 O′②　　 S″　 V″　　　 O″　　　　 V′③
(completely) comfortable 《 about phoning 》】.
　　　　　　　 C′③

《彼が幸運だった》また別の点 は，【ダイスケが見事な英語を話したことと，（[バッグが外
国人のものであると] 確認しても），（電話をすることを）（まったく）気楽なことだと感じ
たこと】であった。

- 最初に出てくる that は，前の文と同様，that S V という形で「S が V するということ」という意味の名詞節を作る接続詞 that の節が，補語として使われている。
- having ..... は分詞構文。ascertain that S V は「S が V すると確認する」という意味。

190

㉘ <u>Tom</u> <u>was</u> <u>lucky</u>, too — very lucky — (((that) the <u>garbage truck</u> <u>had started</u> its
　　S　　V　　C　　　　　　　　　　　　　接続詞　　S′　　　　　V′

<u>rounds</u> (a little later than usual) (that day))).
　O′

(((その日は) ゴミ回収車が（普段より少し遅く）巡回を開始したとは), トムはまた運がよ
かった, とても運がよかった。

PARAGRAPH ⑨

◎トピック

バッグにはすべてのものがきちんと入っていた。

㉙ (Later), and (finally home) (after several tiring classes), my friend

<u>Tom</u> <u>checked</u> |the contents| 《 of his bag 》.
　S　　　V　　　　O

(その後), (いくつかの疲れる授業の後で) (やっと帰宅して), 私の友人トムは《バッグの》
中身 を調べた。

㉚ (Sure enough), <u>everything</u> <u>was</u> there — his watch, his wallet, his
　　　　　　　　　　　S　　　　V

sunglasses, and his portable telephone.

(やっぱり), 時計, 財布, サングラス, そして携帯電話, すべてあった。

● A, B, C, and D という形で, 4 つの名詞が並べて使われている。

語句

☐ sharp	形 鋭い	☐ round	名 巡回
☐ bit of ~	熟 ちょっとした~	☐ than usual	熟 普段より
☐ fortune	名 運	☐ finally	副 やっと
☐ superb	形 見事な	☐ several	形 いくつかの
☐ ascertain	動 確認する	☐ tiring	形 疲れさせる
☐ belong to ~	熟 ~のものである	☐ check	動 調べる
☐ completely	副 まったく	☐ sure enough	熟 やっぱり
☐ comfortable	形 気楽な	☐ wallet	名 財布(札入れ)
☐ phone	動 電話する	☐ portable telephone	名 携帯電話

速読トレーニング

1 This is a story / of honesty, / sheer good luck, /
これは話である　　正直　　　まったくの幸運

and unbelievable initiative. / My friend Tom / cycled the 10km /
そして信じられないほど自主的な行動の　　私の友人トムは　　10キロを自転車で移動した

from Yoyogi to Kichijoji / to start / a heavy day's teaching /
代々木から吉祥寺まで　　始めるために　　つらい1日の授業を

for a language school. / No sooner had he arrived there, / however, / than he /
語学学校の　　彼はそこに着くとすぐに　　しかしながら　　彼は

was on the telephone. / "I've lost my bag," / he said. / "It's got everything / in it!" /
電話で話した　　「バッグをなくした」　　と彼は言った　　「何もかも入っているんだ」　　その中に

2 This, it seems, happens / quite a lot / here. /
こうしたことは起こるようだ　　かなり多く　　ここでは

Some foreigners are very careless / because they automatically expect /
大変不注意な外国人もいる　　彼らは自然に期待してしまうので

that because they are in Japan / anything / they lose / will be returned. /
日本にいるのだから　　ものは何でも　　なくした　　戻ってくるだろうと

3 Tom wanted me / to cycle around the neighborhood / to see /
トムは私にしてもらいたいと考えた　　付近を自転車で回ることを　　調べるために

where the black, leather bag / might have fallen / from his bicycle. /
どこで黒い革のバッグが　　落ちたのかを　　自転車から

"Do you mean to tell me / you didn't secure it?" / I said to him. /
「君は本気で僕に言うつもりなの？」　　それを固定してなかったと　　と私は彼に言った

"No," / he said. / "I left / in a hurry / and cycled off /
「固定しなかったんだ」　　と彼は言った　　「僕は出発した　　急いで　　そして自転車で出かけた」

with it balancing / on the back." / There was one thing / in his favor. /
バッグをバランスをとるように置いて　　後ろの荷台の上に　　1つのことがあった　　彼に有利な

He lived / in Japan. / "Well," / I said / to lift his spirits, /
彼は住んでいた　　日本に　　「まあ」　　と私は言った　　彼を元気づけるために

"because you're living / in Japan / the chances / are very good /
「君は住んでいるんだから　　日本に　　可能性は　　かなりあるよ

that you'll / get your bag back. / In fact, / they are excellent." /
君が　　バッグを取り戻す　　実際に　　可能性は極めて高いよ」

"I hope so. / God, / I hope so," / said Tom. /
「そうだといいんだけど　　神様　　そうなることを願います」　　とトムは言った

4 True to my prediction, / when the phone / rang again /
私の予言通り　　電話が　　再び鳴ったとき

about an hour or so later, / it was a young Japanese /
1時間ほどして　　相手は若い日本人だった

named Daisuke Takakawa, / calling to say / that the bag / was in his hands. /
タカカワダイスケという名前の / 電話で言った / バッグは / 彼が持っていると

While on her way to work, / his mother / had spotted it / on the top /
仕事へ行く途中で / 彼の母は / それを見つけた / 上に

of a heap of garbage / and had taken it / to the local police box /
ゴミの山の / そしてそれを持っていった / 地元の交番に

only to find it closed. / "It looked too valuable / to be there," /
しかし結局交番は閉まっているとわかっただけだった / 「高価すぎるように見えたの」 / そこにあるには

she told her son / when she took it home. /
彼女は息子に言った / それを家に持ってきたとき

5 "What, / the garbage?" / he asked. / "No, / the bag," /
「何が？ / ゴミが？」 / と彼は尋ねた / 「違うわ / バッグよ」

his mother replied. / "It's a very nice one." /
と彼の母は答えた / 「とてもいいものよ」

6 Daisuke Takakawa / searched its contents, / found a telephone number, /
タカカワダイスケは / その中身を調べ / 電話番号を見つけ

and dialed it / immediately. /
そこに電話をかけた / すぐに

7 That's when / I came into the picture. / I met Daisuke Takakawa /
それがときだった / 私が事態に関わった / 私はタカカワダイスケに会った

at Yoyogi Station / and he / handed the bag / to me. /
代々木駅で / そして彼は / バッグを手渡した / 私に

8 Tom's luck was / that his bag / had been spotted / by a woman /
トムの幸運は / 彼のバッグが / 見つけられたということだった / 女性によって

with a sharp eye / for good things. / His next bit of good fortune /
鋭い目を持つ / 良いものに対して / 彼が幸運だったまた別の点は

was that Daisuke / spoke superb English / and, / having ascertained /
ダイスケが / 見事な英語を話したことである / そして / 確認しても

that the bag / belonged to a foreigner, / felt completely comfortable /
バッグが / 外国人のものであると / まったく気楽なことだと感じたことであった

about phoning. / Tom was lucky, too / — very lucky — / that the garbage truck /
電話をすることを / トムはまた運がよかった / とても運がよかった / ゴミ回収車が

had started / its rounds / a little later / than usual / that day. /
開始したとは / 巡回を / 少し遅く / 普段より / その日は

9 Later, / and finally home / after several tiring classes, / my friend Tom /
その後 / やっと帰宅して / いくつかの疲れる授業の後で / 私の友人トムは

checked the contents / of his bag. / Sure enough, / everything was there /
中身を調べた / バッグの / やっぱり / すべてあった

— his watch, / his wallet, / his sunglasses, / and his portable telephone. /
時計 / 財布 / サングラス / そして携帯電話

音読達成シート	日本語付	1	2	3	4	5	英語のみ	1	2	3	4	5

音声の使い方

本書では，皆さんの音読学習をサポートする，**リピートトレーニング用の音声とスピード聴解トレーニング用の音声** を提供しています。この音声をフルに活用することによって，皆さんは将来も役に立つ本格的な読解力を磨くことができます。もちろん，リスニングの学習にもなり，一石二鳥なので，普段の学習には必ずこの音声を用いた学習を取り入れてください。

リピートトレーニング

本書の「**速読トレーニング**」の英語部分が，スラッシュで分けられたカタマリごとに読まれます。皆さんはその後について，英文を読む練習をしましょう。まずは，本書の「速読トレーニング」のページや，白文のページ（「問題英文と全訳」の頁の英文）を見ながら練習しましょう。

最終的には，**何も見ずに「手ぶらで」耳だけを使ってリピーティングができるようになるまで，何度も繰り返しましょう**。長文読解ができるようになるコツは，このように同じ英文を繰り返し読み，反射的にすべて理解できるようにしてしまうことです。

スピード聴解トレーニング

本書の**問題英文がナチュラルスピード**で読まれます。皆さんは白文を見ながら，ナチュラルスピードで読まれた音声が 100 パーセントすらすらと意味がわかるようになるまで，繰り返し聞きましょう。最終的には**「耳だけ」で聴いて 100 パーセントわかるようになる**のが皆さんのゴールです。

このナチュラルスピードのトラックだけを集めて，メモリープレイヤーなどで繰り返し何度も聞くのもおすすめの学習法です。

音声 ▶

問題英文と全訳

白文を見ながら音読し，100%スラスラ意味がわかるようになるまで練習しましょう。
音読しながら100%わかるようになったら，音声を聞きながら理解する練習をしましょう。

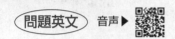
Why is our earth the kind of planet it is? Not only because it is full of a number of things. Not only because some parts are more full of things than others. But also because the things in it are related. The earth is like a watch. There's nothing accidental about the mechanism of a watch. Each part is a working part and each is absolutely necessary to make the watch go. Furthermore, the watch can go only when each part is properly connected with other parts.

All the parts of the earth are likewise working parts, and are necessary to make it "go." Consider physical features such as the Grand Canyon of the Colorado River and Mt. Fuji, in Japan. They are the result of relationships between the land, the water, and the air. These relationships started millions of years ago and have continued to this very day.

There's another way in which the earth resembles a watch. It's a precision instrument. Unlike a watch, it shows no sign of running down or stopping. "Seed time and harvest, and cold and heat, and summer and winter, and day and night" continue to arrive, on time.

How do we understand how a watch works? Only by knowing what use each spring, gear, and wheel serves, and how the parts hang together. In the same way, we can understand how our world works only by getting to know the parts and the relationships between them.

This, however, is not easy, even if it could be done at all. For there are far more working parts to the earth than to a watch or any other precision instrument. Nobody yet knows exactly how many working parts there are. After all, some parts of the world are still barely known. Large areas of Antarctica remain unexplored. So are large areas of the atmosphere and the oceans, both of which are at work all the time cooling and warming, drying and moistening the land surfaces of the earth. Then again, some of the relationships between the known working parts are not fully understood.

全　訳

　なぜ私たちの地球は現在のような惑星の形態なのだろうか。地球は多くのもので満ちているからだけではない。いくつかの部分は他の部分よりももっと多くのもので満ちているからだけではない。地球にあるものは関連しているからでもある。地球は時計に似ている。時計の構造には，偶然生じたものは何もない。それぞれの部品は機能している部品であり，それぞれが時計を動かすために絶対に必要である。その上，時計はそれぞれの部品が他の部品と適切に連結されてはじめて作動できる。

　地球のすべての部分は同様に機能している部品であり，地球を「動かす」ために必要である。コロラド川のグランドキャニオンや日本の富士山のような地形的特徴を考えなさい。それらは陸地と水と空気の間の関係がもたらした結果である。これらの関係は何百万年も前に始まり，まさに今日まで続いている。

　地球が時計に似ている別の点がある。それは精密機器である。時計とは違って，それは，動かなくなったり止まるという何の兆候も示さない。「種まきの時期と収穫期，寒さと暑さ，夏と冬，そして昼と夜」は決まったときに来続ける。

　時計がどのように動くのかを私たちはどのように理解するのだろうか。それぞれのバネ，歯車，大歯車が役立っているのはどのような用途か，そしてその部品がどのようにくっついているのかを知ることによってのみ理解できるのだ。同様に，各部品とそれらの間の関係を知ることができるようになってはじめて，私たちは私たちの地球がどのように動くのかを理解できる。

　しかしながら，たとえそれが少しでもできるとしても，これは簡単なことではない。というのは，地球に対して機能している部品は，時計や他のどんな精密機器よりもはるかにたくさんあるからだ。機能している部品がいくつあるのかをまだだれも正確には知らない。結局，地球のいくつかの部品がいまだにかろうじて知られている程度だ。南極大陸の広い範囲は，未調査のままである。大気と大洋の広い範囲もまたそうであり，その両方ともずっと，地球の地表を冷やしたり暖めたり，乾かしたり湿らせたりして活動している。さらにまた，既知の機能している部品の間にある関係のいくつかは，完全には理解されていない。

UNIT 2

Human beings are the highest product of evolution. Human intelligence is far superior to that of any other organism. In structure, the human body is closely related to those of the chimpanzees, gorillas, orangutans, and gibbons. But this does not mean that human beings evolved from any of these apes.

From their study of fossils, scientists think that ancient humans and apes had common ancestors millions of years ago. Apes and humans evolved in different directions and became adapted to different ways of life.

More fossils of early human beings are being discovered each year, and accurate ways of dating them are being developed. But scientists still do not know the complete story of human evolution.

In Africa, scientists have discovered human fossils that are believed to be more than 2,000,000 years old. Among some of these fossils, simple tools have been found. Thus scientists know that those prehistoric people could make tools. They no doubt were able to show their children how to make tools and how to use them.

The bodies and brains of early human beings slowly evolved. They made better tools and weapons and became skillful hunters. Gradually they learned to talk with one another. They discovered fire and learned how to make it.

Human beings have had their "modern" form for about 100,000 years. If some of the first "modern" human beings were dressed in modern clothes, you would not notice them on the street. But the Neanderthal humans, who had developed in a parallel line, became extinct about 30,000 years ago. They apparently could not compete successfully with the direct ancestors of modern humans.

For thousands of years, people lived in caves, on open plains, and in jungles. Gradually they began to train animals and grow plants for their own use. In time, they began to keep records of their history. They are the first and only beings to seek out their own evolutional history.

全 訳

　人間は進化上の最も高等な産物である。人間の知能は他のどの生物の知能よりもずっとすぐれている。構造上，人間の体は，チンパンジー，ゴリラ，オランウータン，そしてテナガザルの体と密接に関係している。しかしこのことは，人間がこれら類人猿のいずれかから進化したということを意味するのではない。

　化石の研究から，科学者たちは古代の人間と類人猿は何百万年も前には共通の祖先を持っていたと考えている。類人猿と人間は異なる方向で進化し，異なる生活様式に適合するようになった。

　初期の人類のより多くの化石が年を追って発見されており，それらの年代を推定する正確な方法が開発されているところだ。しかし科学者たちは，人間の進化の完全な歴史をいまだに知らない。

　アフリカでは，科学者たちは200万年以上前のものであると信じられている人間の化石を発見した。これらの化石のいくつかの中に，単純な道具が発見されている。このように，科学者たちはそれらの有史以前の人々は道具を作ることができたということを知っている。確かに，彼らは道具の作り方や使い方を，彼らの子どもたちに教えることができたのだ。

　初期の人類の体と脳は，ゆっくりと進化した。彼らはよりよい道具や武器を作り，すぐれた猟師になった。徐々に彼らはお互いに話すことを学びとった。彼らは火を発見し，また，火をおこす方法を学んだ。

　人間は，約10万年もの間「現代的な」体型を持ち続けている。もし最も初期の「現代」人の何人かが現代の服を着ていたら，あなたは通りで彼らに気づかないだろう。しかしネアンデルタール人は，並行して進化し，約3万年前に絶滅した。彼らは見たところ現代人の直系の祖先とうまく競い合うことができなかったようだ。

　何千年もの間，人々は，洞窟や広々した平原やジャングルに住んでいた。徐々に彼らは，自分たちで使うために動物を飼育し始め，植物を育て始めた。やがて彼らは自分たちの歴史の記録を残し始めた。人間は，自分たち自身の進化の歴史を探求する最初で唯一の生き物である。

"Do you think that American culture has influenced Japan positively?" An American man, sitting next to me at a party, asked me this question. I gave him a commonplace answer like, "Some Japanese think that the American influence has been positive, but others think that it has been negative." The look on his face told me that he had gotten similarly unsatisfactory answers from other Japanese. To him, the word "you" meant "you yourself"; but to me, because of group harmony, "you" meant "you Japanese." I was accustomed to making a general comment rather than a personal one. In Japan, I seldom had a chance to express my personal opinions. On those rare occasions, I tried to state neutral, harmless opinions. Otherwise, expressing contrary opinions would cause disorder, and I was afraid of being excluded from the group. However, Americans learn in elementary school to speak out. In that culture, having no personal opinions is a sign of incapability.

I answered, "Well, let me see. American culture has raised women's status in Japan, and I appreciate that very much. Women have become more able to display their abilities." Still, I wasn't truly satisfied with my comment because it was so ordinary.

After that incident, I was still apt to give general responses by saying "We Japanese..." When asked, "What do you think about international marriage?" I replied, "We Japanese are conservative — so, generally speaking, parents object to international marriage." There again, I heard the irritation in the American man's voice: "I'm asking for your personal opinion." His facial expression was strong enough to break through the Japanese wall of ambiguous expressions, and I said: "If the two people understand and love each other, who cares about nationality?" Then, softly he inquired, "If your parents objected to your own international marriage, what would you do? In the U.S., parental permission is not necessary, but in your country you need it, right?" I answered: "Right, but not legally. I would try to persuade my parents to give me permission. As a Japanese, I don't think my parents and I are completely separate beings with different personalities." He continued: "If your parents persisted in objecting, what would you do?" I replied: "My parents say that if the man had a warm personality and could communicate with them in Japanese, they would allow the marriage to take place. Despite the many cultural differences, I would make every effort to win my parents over."

Through free interchange of opinions, the conversation developed smoothly. By encouraging further frank give-and-take, we were able to understand and appreciate each other's culture better.

「あなたはアメリカ文化が日本に肯定的に影響を与えたと思いますか」パーティーで私の隣に座っていたアメリカ人の男性が，私にこの質問をした。私は「アメリカの影響は好ましい面もあったと思う日本人もいるが，悪い面もあったと思う日本人もいます」というありふれた答えを彼に示した。彼の顔の表情を見て，彼は同様に不満足な答えを他の日本人からも聞いたのだろうと私はわかった。彼にとって「あなた」という言葉は「あなた自身」を意味した，しかし私にとっては集団協調の理由から，「あなた」は「あなたたち日本人」を意味した。私は個人的な意見よりもむしろ一般的な意見を述べることに慣れていた。日本では，私には，自分の個人的な意見を述べるような機会はめったになかった。それらのまれな機会に，私は中立的で無害な意見を述べようとした。さもなければ，反対の意見を表明することは不調和を引き起こしてしまうだろう，そして，私は集団から除外されることを恐れていたのだ。しかしながら，アメリカ人は小学校ではっきり自分の意見を言うことを学ぶ。その文化においては，個人的な意見を持たないことは，無能の表れである。

　私は答えた，「えーっと，そうですね。アメリカの文化は日本での女性の地位を引き上げてくれました，そして私はそのことに大変感謝しています。女性はもっと自分たちの能力を示すことができるようになりました」。それでもなお，それがあまりに平凡だったので，私は自分の意見に本当には満足してはいなかった。

　その出来事の後も，私はまだ「私たち日本人は」と言うことによって，一般的な返答をしがちだった。「国際結婚についてどう思いますか」と尋ねられたとき私は答えた，「私たち日本人は保守的です，したがって，一般的に言うと，両親は国際結婚に反対します」。そこで再び，私はそのアメリカ人男性の声の中にいらだちの響きを聞いた。「私はあなたの個人的な意見を求めているのです」。彼の顔の表情は，あいまいな表現をする日本人の壁を突破するには十分強いものだった，それで私は言った。「もし2人が理解し合い愛し合っているなら，だれが国籍を気にするでしょうか」。それから静かに彼は尋ねた，「もしあなたの両親があなた自身の国際結婚に反対したら，あなたはどうしますか。アメリカでは，親の許可は必要ありません，しかしあなたの国では必要ですよね」。私は答えた。「その通りです，しかし法律的に必要なのではありません。私は，許可してくれるように，両親を説得しようとするでしょう。日本人として，両親と私は異なる人格を持つまったく別個の存在だとは思いません」。彼は続けた。「もしあなたの両親が反対することに固執したら，あなたはどうしますか」。私は答えた。「私の両親は，もしその男性が温かい人格を持ち，日本語で自分たちと意思を伝え合えるなら，自分たちは結婚式を挙げることを許すだろうと言いますね。多くの文化的違いにもかかわらず，私は両親を説得するためにあらゆる努力をするでしょう」。

　意見の自由なやりとりを通して，会話は円滑に進んだ。さらに率直な意見の交換を奨励することによって，私たちはお互いの文化をよりよく理解し，認識できた。

Many people believe that because the automobile is in such general use in America it was invented in the United States. That is not true. The gasoline motor-car that we know began in France and Germany. What Americans did invent was a method of manufacturing cars in such numbers that in the end they led the world in production, producing some seventy-five percent of all the world's cars.

One reason why motoring began in Europe and, at the start, progressed more quickly there was that the roads were so much better. In no branch of social and economic development was the United States so far behind Europe as in its roads. There were a number of reasons for this.

In Europe the hard base for thousands of miles of good highways had been laid by the Romans hundreds of years before; it was there, ready to be later built up into fine smooth surfaces by engineers. Second, distances there were not very great, and the large number of towns and villages all quite near one another made roadbuilding economical.

In the great unpeopled spaces of the American continent, on the other hand, it was easier and cheaper to use the rivers and lakes and to make canals or put down railroads.

American roads had their beginning in the paths used by Indians or those stamped out by cattle. Most of them became seas of mud when it rained, and could then be used only if logs had been laid across them.

So it is not hard to understand why most Americans did not see, as they watched the first few automobiles "speeding" along town streets at ten or fifteen miles an hour, anything to get very excited about. To people like farmers it seemed that the car could never take the place of the horse. After all the horse had its own power plant, it needed only what was grown on the farm and it gave back to the farm the best possible natural fertilizer.

To overcome this feeling about the horse an automobile would have to be more than good — it would have to be easy to operate, easy to mend, able to climb hills and travel over very bad road surfaces. Above all, it had to be cheap.

The answer came, in 1908, in a machine which Henry Ford called his "Model T." With it was born a completely different way of life.

多くの人々は，自動車はアメリカで非常に一般的に使用されているので，自動車はアメリカ合衆国で発明されたと信じている。それは事実ではない。私たちが知るようなガソリン自動車は，フランスとドイツで生まれた。アメリカ人が実際に発明したものは，最終的に生産台数において世界で首位となり，世界のすべての自動車の約75パーセントを生産するほどの多数の自動車を製造する方法だった。

　自動車の運転がヨーロッパで始まり，そして初期においてはその地でより速く進歩した1つの理由は，道路の状態がはるかによかったことであった。社会的，経済的発展におけるいかなる分野においても，道路の点においてほどアメリカ合衆国がヨーロッパよりも，これほどまでに遅れをとっている分野はなかった。これには多くの理由があった。

　ヨーロッパには，何千マイルもの優良な幹線道路の固い基盤が数百年前にローマ人によって敷かれていた。そのような基盤が存在し，後ほど技術者たちによってなめらかな道路面へと作り替えられる準備ができていたのだった。第2に，ヨーロッパでの距離はあまり長くはなかった，また互いにかなり接近した町や村の数が多かったことにより，道路建設の費用が節約された。

　一方，アメリカ大陸の広大な無人地帯では，川や湖を使ったり運河を造ったり鉄道を敷くことのほうが，より簡単でより安く上がった。

　アメリカの道路は，インディアンによって使われた小道，あるいは牛によって踏み固められた小道から始まった。それらの大部分は，雨が降ると泥の海になった，そしてそれから丸太がその上に敷かれた場合にのみ使うことができた。

　そうすると，アメリカ人が最初の数台の自動車が，町の通りを時速10か15マイルの速さで「疾走する」のを見たときに，どうして彼らの大部分が，それをあまりわくわくするものだとは考えなかったのかを理解するのは難しくない。農夫のような人々にとって，車は決して馬に取って代わることができなかったようだった。結局，馬は自分の動力装置を持っており，農場で栽培されるものだけを必要とし，農場に考えうる最良の有機肥料を戻してくれた。

　馬に対するこの感情に打ち勝つためには，自動車はこの上なくよいものでなければならないだろう。運転することが簡単で，修理することが簡単で，丘を登ることができて，非常に悪い路面の上を進むことができなければならなかったのだ。何よりも安くなければならないのだ。

　その答えは1908年にヘンリー・フォードが「モデルT」と呼んだ自動車に現れた。それと共に，まったく異なる生活様式が生まれた。

UNIT 5

We have all experienced days when everything goes wrong. A day may begin well enough, but suddenly everything seems to get out of control. What invariably happens is that a great number of things choose to go wrong at precisely the same moment. It is as if a single unimportant event set up a chain of reactions. Let us suppose that you are preparing a meal and keeping an eye on the baby at the same time. The telephone rings and this marks the prelude to an unforeseen series of catastrophes. While you are on the phone, the baby pulls the table-cloth off the table, smashing half your best pots and jars and cutting himself in the process. You hang up hurriedly and attend to baby, pots and jars, etc. Meanwhile, the meal gets burnt. As if this were not enough to reduce you to tears, your husband arrives, unexpectedly bringing three guests to dinner.

Things can go wrong on a big scale as a number of people recently discovered in Parramatta, a suburb of Sydney. During the rush hour one evening two cars crashed into each other and both drivers began to argue. The woman immediately behind the two cars happened to be a learner. She suddenly got into a panic and stopped her car. This made the driver following her brake hard. His wife who sat beside him was holding a large cake. As she was thrown forward, the cake went right through the window and landed on the road. Seeing a cake flying through the air, a truck-driver who was drawing up alongside the car, pulled up all of a sudden. The truck was loaded with empty beer bottles and hundreds of them slid off the back of the vehicle and on to the road. This led to yet another angry argument. Meanwhile, the traffic piled up behind. It took the police nearly an hour to get the traffic on the move again. In the meantime, the truck-driver had to sweep up hundreds of broken bottles. Only two stray dogs benefited from all this confusion, for they greedily ate what was left of the cake.

私たちはみんなすべてがうまくいかないような日々を経験したことがある。1日は十分順調に始まるかもしれない，しかし突然すべてが思いどおりにいかなくなるように思えるのだ。必ず起こることは非常に多くのことがまったく同時にうまくいかなくなるということだ。それはまるでたった1つのささいな出来事が連鎖反応を引き起こすかのようである。あなたが食事の準備をしていて，同時に赤ちゃんから目を離さないでいることを想定してみましょう。電話が鳴る，そしてこれが一連の予期せぬ大惨事への前兆を示している。あなたが電話に出ている間に，赤ちゃんがテーブルからテーブルクロスを引きはがし，あなたが持っている一番貴重なポットや瓶の半分を壊してしまう，そしてその間に赤ちゃんもけがをしてしまう。あなたは大急ぎで電話を切り，赤ちゃんやポットや瓶などに注意を向ける。一方で食事が焦げる。まるでこれだけではあなたを泣きたい気分にさせるのには不十分だとは言わんばかりに，夫が不意に夕食に3人の客を連れて帰る。

　最近多くの人々がシドニーの郊外のパラマタで発見したように，物事は大きな規模でうまくいかないことがある。ある晩のラッシュアワーのときに2台の車がお互いに衝突し，両方の運転手が口論を始めた。2台の車のすぐ後ろの女性は，たまたま初心者だった。彼女は突然パニック状態になり，車を止めた。このため彼女の後ろにいた運転手は強くブレーキを踏んだ。彼の隣に座っていた彼の妻は，大きなケーキを持っていた。彼女が前方にほうり出されたとき，ケーキは窓を通ってまっすぐに飛び，道路に落ちた。ケーキが空中を飛んでいるのを見て，その車のそばに近づいていたトラックの運転手は突然車を止めた。トラックは，空のビール瓶をどっさり乗せていた，そして何百本もの瓶が車の荷台から道の上に滑り落ちた。このことによって，さらにまた怒りに満ちた議論が起こった。その間に，交通が後ろで停滞した。警察が再び車を流れるようにするのに，ほぼ1時間かかった。その間に，トラックの運転手は何百本もの割れた瓶を掃き集めなければならなかった。このあらゆる混乱から，2匹の野良犬だけが恩恵を受けた，というのは，彼らは残されたケーキをガツガツと食べたからだ。

One of the toughest aspects of the policeman's job is the fact that he must make on-the-spot decisions. He must make up his mind "right now" without the luxury of thinking for too long, looking up information in a book, or asking a superior which course of action is best. The policeman is under real pressure; pressure which he can't avoid. The conflict occurs when some situation requires a decision which isn't easy; naturally, he would prefer not to have to commit himself to an action which may prove wrong. The wrong decision can lead to troubles like being severely criticized by his superior, or it can lead to unnecessary injury or death.

Take, for example, the case of the policeman pursuing an armed robber on foot in a crowded downtown street. The criminal fires on the officer, but should the officer return the fire? If he does, he may endanger the lives of the fleeing citizens. If he doesn't, he may fail to arrest the criminal, or he may himself get shot. Assume the officer decides to return the fire; assume the robber is captured but some bystander is also wounded. The newspapers will no doubt bring pressure on the so-called "wild West" ways of the police force.

Usually, the officer has no truly excellent alternatives; most of the on-the-spot decisions he must make are like the example: a choice of evils. No wonder the policeman is in conflict from the pressure to choose one evil through a quick decision and his real desire to get himself off the hook by avoiding the issue.

Because the officer is always on the hot spot and has to make choice-of-evil decisions, he may also feel irritated with people who don't have to stick their necks out. This understandable impatience with the luckier people who don't work under such pressure can actually lead to troubles between policemen and others with whom they must work, such as lawyers, judges, doctors and the like.

The best solution for the problem caused by the need for on-the-spot decisions would be to improve police training. The job can't be changed, but the more knowledge and experience the officer can bring to the "hot spot," the better he will be able to make the right decision. Thorough training can make the policeman more confident of making correct decisions.

全 訳

　警察官の仕事の最も難しい局面の１つは，即座の決断をしなければならないという事実である。彼はかなり長い間考えたり，本で情報を調べたり，あるいはどの行動方針が最もよいかを上司に尋ねたりするという余裕などなく，「即座に」決心しなければならない。警察官は本当のプレッシャーにさらされている。避けられないプレッシャーに。ある状況が容易ではない決断を必要とするとき，葛藤が生じる。当然，彼は誤りだと判明するかもしれない行動に身をゆだねなくてすむことのほうを好むだろう。間違った判断は，上司によって厳しく批判されるというようなトラブルをもたらすことがある，あるいは無用の負傷や死をもたらすことがある。

　たとえば，混雑した繁華街の通りで，歩いて，武装した強盗を追いかけている警察官の事例を取り上げよう。犯人は警察官に発砲するが，警察官は応戦すべきだろうか。もし彼が応戦したら，彼は逃げる市民たちの生命を危険にさらすかもしれない。もし彼が応戦しなければ，彼は犯人を逮捕できないかもしれないし，彼自身が撃たれるかもしれない。警察官が応戦することを決断すると仮定してください。強盗は逮捕されるが，かなりの見物人もまた負傷すると仮定してください。新聞はおそらく，警察権力によるいわゆる「西部劇」方式に圧力をかけるだろう。

　普通，警察官には，本当にすぐれた選択肢などないのだ。彼がしなければならない即時の決断の大部分は，上記の実例のようなものだ。すなわち災害の選択なのである。警察官には，すばやい決断で１つの災害を選択するというプレッシャーと，その問題を避けることによって窮地から脱したいという彼の本当の願望から，葛藤が生じるのは不思議ではない。

　警察官は常に現場にいるし，災害を選択するという決断をしなければならないので，彼はまた，あえて危険に身をさらす必要のない人々にいらだちを感じるかもしれない。そのような緊迫した状況下で働かなくてよい，より幸運な人々に対するこの当然のいらだちは，警察官と警察官と一緒に仕事をしなければならない弁護士，判事，医者など，他の人たちとの間のもめ事を実際にもたらすこともある。

　即座の決断をする必要性によってもたらされる問題に対する最高の解決法は，警察官の訓練を改善することであろう。その仕事を変えることはできない，しかし，警察官がより多くの知識や経験を「現場」に持ち込むことができればできるほど，より周到に正しい決断へと至ることができるであろう。徹底した訓練によって，警察官は正しい決断をすることに関して，より大きな自信を持つことができるのだ。

If you tell someone that you want to make a career as an actor, you can be sure that within two minutes the word 'risky' will come up. And, of course, acting is a very risky career. The supply of actors is far greater than the demand for them.

Once you choose to become an actor, many people who you thought were your closest friends will tell you you're crazy, though some may react quite oppositely. No two people will give you the same advice. But it is a very personal choice you are making and only you can take responsibility for yourself and for realizing your ambition.

There are no easy ways of getting there — no written examinations to pass, and no absolute assurance that when you have successfully completed your training you will automatically make your way in the profession. It is all a matter of luck plus talent. Yet there is a demand for new faces and new talent, and there is always the prospect of excitement, charm and the occasional rich reward.

I have frequently been asked to explain this magical thing called talent, which everyone is looking out for. I believe it is best described as natural skill plus imagination — the latter being the most difficult quality to estimate. And it has a lot to do with people's courage and their belief in what they are doing and the way they are expressing it to the audience.

Where does the desire to act come from? It is often very difficult to put into words your own reasons for wanting to act. Certainly, in the theater the significant thing is that moment of contact between the actor on the stage and a particular audience. And making this brief contact is central to all acting, wherever it takes place — it is what drives all actors to act.

If you ask actors how they have done well in the profession, the response will most likely be a shrug. They will not know. They will know certain things about themselves and aspects of their own technique and the techniques of others. But they will take nothing for granted, because they know that they are only as good as their current job, and that their fame may not continue.

もしあなたがだれかに俳優として身を立てたいと話したら，きっと2分以内に「危険な」という言葉が持ち上がるだろう。そして，もちろん，俳優業はとても危険な職業である。俳優の供給は，その需要よりはるかに大きい。

　いったん俳優になることを選択したら，まったく反対の反応をする人もいるかもしれないものの，あなたが親しい友人だと思った多くの人々は，気がふれているとあなたに言うだろう。同じ助言をあなたにしてくれる人は2人としていない。しかし，それはあなたがするとても個人的な選択であり，あなただけが，自分自身とあなたの野心を実現することに対する責任をとることができる。

　そこにたどり着く簡単な方法はない—合格するための筆記試験はないし，あなたがうまく研修を終えたとき，自動的にその職業に就く絶対の保証はない。それはすべて運に加えて才能の問題である。しかし，新人と新しい才能の需要はあるし，常に刺激と魅力，そしてたまにある高価な報酬に対しての期待がある。

　私はしばしば，才能と呼ばれる，みんなが注意して探しているこの不思議なものを説明することを求められることがある。私はそれは，生まれつきの能力に加えて想像力であると表現するのが最もよいと信じている。後者は評価するのに最も難しい特性であるが。そしてそれは自分たちがしていることに対する人々の度胸と信念と，観客にそれを表現している方法に大いに関係がある。

　演じたいという願望はどこから来るのだろうか。演じたいということに対するあなた自身の理由を言葉にすることは，しばしばとても難しい。確かに，劇場において重要なことは舞台の上の俳優と個々の観客との間の触れ合いのその瞬間である。そしてそれがどこで行われたとしても，この短時間の触れ合いをすることが演技すべての中心であり，それがすべての俳優たちを，演じることへと駆り立てるものである。

　もしあなたが俳優に，仕事でどのようにして成功してきたのかを尋ねたら，その返事はおそらく首をすくめる動作であろう。彼らにはわからないだろう。彼らは自分自身についてのある程度のことと，自分たちの技能と他の人たちの技能の様子については知っているだろう。しかし，彼らは何事も当然であるとはみなさないだろう，なぜなら現時点でやっている仕事の程度にしか彼らはうまくいっておらず，彼らの名声は続かないかもしれないことを知っているからだ。

Imagine not being able to read the newspaper or the classics; imagine not being able to write a love letter or jot down a shopping list. Millions of people throughout the world are handicapped by being sightless, and their need to read and write is vital. A solution to this difficult predicament was found by the most unlikely of individuals.

Braille, the universally used method of writing and reading for the sightless, was invented by a fifteen-year-old French youth in 1824. The system takes its name from its inventor, Louis Braille (1809 – 52), who became blind at the age of three because of an unusual accident: his eyes were accidentally pierced while he was playing with his father's tools.

Despite his handicap, Louis Braille became an accomplished cellist, organist, and scholar.

Like other blind individuals of his time, the methods of reading available to him were cumbersome at best. Inspired by French army captain Charles Barbier, whose system was invented in 1819 for military communication at night and was called "night-writing," young Braille reduced Barbier's twelve-dot configuration to a six-dot grouping, each composed of one to six embossed dots arranged in a six-position cell or matrix.

Louis Braille, a professor and former student at the Institute for Blind Children in Paris, published his results in 1829 and then again in a more comprehensive form in 1832. Through a long period of fermentation and modification by others, Braille, as a system of communication, achieved worldwide prominence and acceptance in 1916, when members of the U.S. Senate met with representatives of the British government in London to approve the system. It is commonly referred to as Standard English Braille, Grade 2.

The basic Braille code has since been modified to represent mathematical and technical symbols as well as musical notation, shorthand, and other common languages. Young Braille gave the sightless the ability to see in their own way.

新聞や古典作品を読むことができないと想像してください。ラブレターを書くことができないと、あるいは買い物のリストを書き留めることができないと想像してください。世界中の何百万もの人々が、目が見えないことによって不利な立場に置かれており、読んだり書いたりすることに対して彼らが持っている必要性は重大である。この困難な状況に対する解決策は、様々な個人の中で最も予想もしない人物によって見いだされた。

　目が見えない人たちにとっての書いたり読んだりするための一般的に使われている方法であるブライユ点字法は、1824 年に 15 歳のフランス人の若者によって考案された。その方式は、ルイ・ブライユ（1809－52）という考案者からその名前をとっていて、彼は 3 歳のときに珍しい事故のせいで目が見えなくなった。彼の目は、彼が父の工具で遊んでいる間に、誤って突き刺さったのだ。

　障害にもかかわらず、ルイ・ブライユは優秀なチェロ奏者、オルガン奏者、そして学者になった。

　彼の時代の他の目が見えない人たちと同様に、彼に利用できた文字を読むための方法は、よく見てもめんどうなものにすぎなかった。その方式が 1819 年に夜間の軍事通信用に考案されて「ナイト・ライティング」と呼ばれた、フランス陸軍大尉シャルル・バルビエによって触発され、若きブライユはバルビエの 12 点配列を、それぞれが 6 つの位置を持つセルまたは行列に配置された 1 つから 6 つの浮き出しにされた点で構成されている 6 点配列に縮小した。

　パリの視覚障害児協会の教授であり以前の生徒だったルイ・ブライユは、1829 年に、それから再びもっと包括的な形態で 1832 年に彼の成果を発表した。他の人々による熟成と改良の長い期間を経て、コミュニケーションの方式としてのブライユ点字法は、アメリカ上院の議員がその方式を認可するために、ロンドンでイギリス政府の代表者と会った 1916 年に、世界的な名声と認知を獲得した。それは、一般的に標準英語ブライユ点字法 2 級と呼ばれている。

　基本的なブライユの記号は、音符、速記、そしてその他の共通の言語と同様に、数学的、専門的な記号を表すことができるように、それ以来改良され続けている。若きブライユは、目が見えない人たちに独自の方法でものを見る能力を与えた。

There were once two people travelling on a train, a scientist and a poet. They had never met before, so naturally, there wasn't much conversation between the two. The poet was minding his own business, enjoying the passing scenery. The scientist was very tense, trying to think of things he didn't know so he could try to figure them out.

Finally, the scientist was so bored, that he said to the poet, "Hey, do you want to play a game?" The poet, being content with what he was doing, ignored him and continued looking out the window, humming quietly to himself. This got the scientist mad, who irritably asked again, "Hey, you, do you want to play a game? I'll ask you a question, and if you get it wrong, you give me $5. Then, you ask me a question, and if I can't answer it, I'll give you $5." The poet thought about this for a moment, but he decided against it, seeing that the scientist was a very bright man. He politely turned down the scientist's offer.

The scientist, who by this time was going mad, tried a final time. "Look, I'll ask you a question, and if you can't answer it, you give me $5. Then you ask me a question, and if I can't answer it, I'll give you $50!" Now, the poet was not that smart academically, but he wasn't totally stupid. He accepted the offer. "Okay," the scientist said, "what is the exact distance between the Earth and the Moon?" The poet, not knowing the answer, didn't stop to think about the scientist's question. He gave a $5 bill to the scientist.

The scientist happily accepted the bill and promptly said, "Okay, now it's your turn." The poet thought about this for a few minutes, then asked, "All right, what goes up a mountain on three legs, but comes down on four?" The bright look quickly disappeared from the scientist's face. He thought about this for a long time, using his scratchpad and computer.

After about an hour of this, the scientist finally gave up. He unwillingly handed the poet a $50 bill. The poet accepted it graciously, turning back to the window. "Wait!" the scientist shouted. "You can't do this to me! What's the answer?" The poet looked at the scientist and calmly put a $5 bill into his hands.

かつて列車で旅行している2人の人，科学者と詩人がいた。彼らは以前に会ったことがなかった，そこで当然，2人の間にほとんど会話はなかった。詩人は通過する景色を楽しみながら，自分のことに専念していた。科学者は，解くことに挑戦することができるように，彼が知らないことを考えながら，非常に緊張した様子だった。

　とうとう，科学者はとても退屈したので，詩人に言った。「ねえ，ゲームをしないか」。詩人は，自分がしていることに満足していたので，彼を無視して，1人で静かに鼻歌を歌いながら窓の外を見ることを続けた。このことに科学者は腹を立てた，そして彼は再びいらいらしながら尋ねた。「ねえ君，ゲームをしないか。僕が君に質問をするよ，そしてもし君が間違えたら，君は僕に5ドル払うんだ。それから，君が僕に質問をするんだ，そしてもし僕がそれに答えられなかったら，僕は君に5ドル払うよ」。詩人はこれについて少しの間考えた，しかし科学者がとても頭がいい人だということを考えて，彼はそれをしないことに決めた。彼は科学者の申し出を丁寧に断った。

　科学者は，もうこのときには怒っていたが，最後にもう1度試してみた。「ねえ，僕が君に質問をするよ，そしてもし君がそれに答えられなかったら，君は僕に5ドル払うんだ。次は，君が僕に質問をするんだ，そしてもし僕がそれに答えられなかったら，僕は君に50ドルあげる」。さて，詩人は学問的にそんなに頭がよくなかった，しかし彼はまったくばかというわけではなかった。彼はその申し出を受け入れた。「ではいいですか」，「地球と月の間の正確な距離はどのくらいですか」と科学者は言った。詩人は答えがわからなかったので，科学者の質問をじっくり考えなかった。彼は科学者に5ドル紙幣を渡した。

　科学者は喜んで紙幣を受け取り，即座に言った，「よし，今度は君の番だ」詩人はこれについてしばらく考えた，それから尋ねた，「いきますよ，3本足で山を登るが4本足で降りてくるものは何でしょう」。晴れやかな表情は科学者の顔からすぐに消えた。彼は，メモ帳やコンピューターを使いながら，この質問について長い間考えた。

　それから約1時間後，科学者はついに降参した。彼はしぶしぶ詩人に50ドル紙幣を手渡した。詩人はそれを愛想よく受け取り，窓のほうを向いた。「待ってくれ」と科学者は叫んだ。「君は私に対してこんなことはできない。答えは何だ」詩人は科学者を見た，そして静かに彼の手に5ドル紙幣を置いた。

Visitors to Britain are often surprised by the strange behavior of the inhabitants. One of the worst mistakes is to get on a bus without waiting your turn in the line. The other people in the line will probably complain loudly! People respond to someone getting ahead in a line in an emotional way. Newspaper headlines describe anger at people who pay to bypass a hospital waiting list to get an operation more quickly. Standing in line is a national habit and it is considered polite or good manners to wait your turn.

In recent years smoking has received a lot of bad publicity, and fewer British people now smoke. Many companies have banned smoking from their offices. It is less and less acceptable to smoke in a public place. Smoking is no longer allowed on the London underground, in cinemas and theaters and most buses. It is considered bad manners to smoke in someone's house without asking "Would you mind if I smoke?"

On the other hand, in some countries it is considered bad manners to eat in the street, whereas in Britain it is common to see people having a snack while walking down the road, especially at lunchtime. The British may be surprised to see young children in restaurants late at night because children are not usually taken out to restaurants late at night and, if they make noise in public or in a restaurant, it is considered very rude. About one hundred years ago, it used to be said "Children should be seen and not heard," since children did not participate at all in public life. In recent years they are playing a more active role and they are now accepted in many pubs and restaurants.

Good and bad manners make up the social rules of a country and are not always easy to learn because they are not often written down in books. These rules may also change as the society develops; for example, women did not go into pubs at the beginning of the 20th century because it was not considered respectable behavior for a woman. Now both women and men drink freely in pubs and women are more integrated into public life.

We may think that someone from a different country is being rude when his or her behavior would be perfectly innocent in his or her own country. Social rules are an important part of our culture as they are passed down through history. The British have an expression for following these "unwritten rules": "When in Rome, do as the Romans do."

全　訳

　イギリスへの観光客はしばしば住民の奇妙な行動に驚く。最悪の間違いの1つは，並んで順番を待たないでバスに乗ることである。並んでいる他の人々はおそらく大声で文句を言うだろう。人々は，列を先に進む人に対しては感情的に反応する。新聞の見出しは，手術をもっと急いでやってもらうために病院の順番待ち名簿を飛び越してもらうようお金を払う人々に対する怒りを伝えている。並んで立っていることは，国民的な習慣であり，順番を待つことは礼儀正しい，または行儀が良いと思われている。

　近年は喫煙は大変評判が悪く，今では喫煙するイギリス人は少なくなっている。多くの会社が，オフィスでの喫煙を禁止している。公共の場で喫煙することはだんだん受け入れられなくなっている。喫煙は今やロンドンの地下鉄，映画館や劇場，そして大部分のバス内では許可されていない。だれかの家で「たばこを吸ってもいいですか」と尋ねないで喫煙することは，行儀が悪いと思われている。

　その一方で，国によっては通りでものを食べることは行儀が悪いと考えられているが，これに対してイギリスでは，特に昼食時に道を歩きながら軽食をとっている人々を見ることは一般的である。イギリス人は，夜遅くにレストランで幼い子どもたちを見ると驚くかもしれない，なぜなら子どもたちは普通，夜遅くにレストランへ連れ出されないからである，そしてもし彼らが公共の場で，あるいはレストランで騒いだら，それは大変無作法だとみなされる。約100年前，子どもたちはまったく公的な生活に参加していなかったので，「子どもはいてもよいが声を出してはならない」と言われたものだ。近年では，子どもたちはもっと積極的な役割を果たしており，今では多くのパブやレストランで受け入れられている。

　作法の良い悪いは，国の社会的な規則を作り上げる，そしてそれらはあまり本に記録されないので，学ぶのが常に簡単とは限らない。これらの規則はまた社会が発展するにつれて変化するかもしれない。たとえば，20世紀の始めには女性はパブに入らなかった，なぜならそれは女性にとってのまともな行動だと思われていなかったからである。今では女性も男性も自由にパブで酒を飲み，女性は公的な生活によりとけ込んでいる。

　私たちは違う国から来ただれかが，彼または彼女の行動が，彼または彼女の国ではまったく無害なものであるときでも，無作法であると思うかもしれない。社会的な規則は，それらが歴史を通して伝えられるので，私たちの文化の重要な部分である。イギリス人は，このような「不文律」に従うことを表す表現を持っている。その表現とは「ローマへ行ったらローマ人たちが行動しているように行動しなさい」である。

UNIT 11

Suppose you were an absolute dictator and had the power to make any law you wanted to. What laws would you make?

The first law I would make would prohibit all advertising. Think how much better the world would be then! The purpose of advertising is to convince people to buy things they don't need and didn't want until they saw the advertisement. You never see advertisements for things like potatoes or apples. Without advertising, people would stop buying things they don't need, and we would all be wealthier. Of course, a few million people making their living by producing unnecessary things — including advertisements — would lose their jobs. We'd have to help them find some honest work. A nice side effect of the abolition of advertising is that trash television and trash magazines which are supported by advertising would disappear. The world would become quieter, and we could begin to recover the dignity that advertising has stolen from us. We might even be able to recover our aesthetic sense of design and color. And, by saving paper, millions of hectares of the world's forests would be saved.

Then I'd make a law against private automobiles, at least in big cities. Within days or even hours after the automobiles disappeared, people would see the bright, clear sky again. At night, you could see the Milky Way even in Tokyo, Los Angeles and Mexico City. People could get around by trains and bicycles, and by walking. Everybody would be healthier, and fewer people would be overweight. No more big traffic accidents, no more oil wars. Of course, private automobiles might disappear naturally after advertising is abolished.

And of course, I would make a law prohibiting the mining, manufacture, possession or sale of radioactive material. I would rid the Earth of all such material by sending it up in rockets aimed at one of the black holes in outer space. To make sure the rockets reached their destination I would have each one manned by a crew of ten nuclear engineers.

Then I would make a law abolishing the right of belligerency. Anyone who wants to fight a war would have to do it on his or her own responsibility. No hiding behind the myth of the State. If you shoot somebody, even if you are a soldier, you will be arrested, and have to prove in a court of law that you did it in self-defense. The same would be true for politicians who order someone to shoot someone. Of course, with a law like that just about every president and prime minister in the world would be in jail.

Those are the first laws I would make if I were a dictator. What law would you make? Let me guess: a law against dictators.

全 訳

　仮にあなたが絶対的な独裁者で，あなたが望むどんな法律でも作れる力を持っているとしよう。あなたはどんな法律を作るだろうか。

　私が作る最初の法律は，すべての広告を禁止するものだろう。そうすると，世界がどれくらいよくなるか考えてください。広告の目的は，その広告を見るまで必要もなくほしくもなかったものを買うように，人々に納得させることである。あなたはジャガイモやリンゴのようなもののための広告を決して見ない。広告がなければ，人々は必要のないものを買うことをやめるだろうし，私たちは皆，より裕福になるだろう。もちろん，広告を含む不必要なものを作り出すことによって生計を立てている数百万の人々が仕事を失うだろう。私たちは彼らがまじめな仕事を見つけるのを助けなければならない。広告の廃止のよい副作用は，広告によって支えられている，くだらないテレビやくだらない雑誌がなくなるだろうということだ。世界はより静かになるだろうし，私たちは広告が私たちから盗み取った尊厳を取り戻し始めることができるだろう。私たちは，デザインや色の美的感性を取り戻すことさえできるかもしれない。そして，紙を節約することによって，何百万ヘクタールもの世界の森林を救うことができるだろう。

　それから私は少なくとも大都市で私用の自動車を禁止する法律を作るだろう。自動車がなくなった後，数日かほんの数時間以内に人々は再び明るくきれいな空を見るだろう。夜には，東京，ロサンゼルスやメキシコシティーでさえも天の川を見ることができるだろう。人々は，電車や自転車，そして歩いて動き回れるだろう。みんなもっと健康になるだろうし，太りすぎの人はもっと少なくなるだろう。もはや大きな交通事故はなく，もはや石油戦争もない。もちろん，私用の自動車は広告が廃止された後で自然になくなるだろう。

　そしてもちろん，私は，放射性物質の採鉱，製造，所有や販売を禁止する法律を作るだろう。私は，宇宙空間にあるブラックホールの１つに向けたロケットに入れて打ち上げることによって，地球からすべてのそのような物質を取り除くだろう。ロケットが目的地に到着したことを確かめるために，私はそれぞれに10人の核を扱う技術者の乗組員による人員を配置させるだろう。

　それから私は交戦の権利を廃止する法律を作るだろう。戦争をしたい人はだれでも，自らの責任でそうしなければならないだろう。国家という幻想の背後に隠れてはならない。もしあなたがだれかを撃ったら，たとえあなたが兵士であるとしても，逮捕されるだろう，そして法廷で，あなたが正当防衛でそうしたということを証明しなければならない。同じことが，だれかにだれかを撃つように命令する政治家にあてはまるだろう。もちろん，そのような法律があったならば，世界のほぼすべての大統領や首相が刑務所に入ることになるだろう。

　もし私が独裁者なら，それらは私が作る最初の法律である。あなたはどんな法律を作るだろうか。想像させてください。独裁者を禁止する法律でしょう。

UNIT 12

問題英文 音声▶

This is a story of honesty, sheer good luck, and unbelievable initiative. My friend Tom cycled the 10km from Yoyogi to Kichijoji to start a heavy day's teaching for a language school. No sooner had he arrived there, however, than he was on the telephone. "I've lost my bag," he said. "It's got everything in it!"

This, it seems, happens quite a lot here. Some foreigners are very careless because they automatically expect that because they are in Japan anything they lose will be returned.

Tom wanted me to cycle around the neighborhood to see where the black, leather bag might have fallen from his bicycle.

"Do you mean to tell me you didn't secure it?" I said to him.

"No," he said. "I left in a hurry and cycled off with it balancing on the back."

There was one thing in his favor. He lived in Japan.

"Well," I said to lift his spirits, "because you're living in Japan the chances are very good that you'll get your bag back. In fact, they are excellent."

"I hope so. God, I hope so,"said Tom.

True to my prediction, when the phone rang again about an hour or so later, it was a young Japanese named Daisuke Takakawa, calling to say that the bag was in his hands. While on her way to work, his mother had spotted it on the top of a heap of garbage and had taken it to the local police box only to find it closed. "It looked too valuable to be there," she told her son when she took it home.

"What, the garbage?" he asked.

"No, the bag," his mother replied. "It's a very nice one."

Daisuke Takakawa searched its contents, found a telephone number, and dialed it immediately.

That's when I came into the picture. I met Daisuke Takakawa at Yoyogi Station and he handed the bag to me.

Tom's luck was that his bag had been spotted by a woman with a sharp eye for good things. His next bit of good fortune was that Daisuke spoke superb English and, having ascertained that the bag belonged to a foreigner, felt completely comfortable about phoning. Tom was lucky, too — very lucky — that the garbage truck had started its rounds a little later than usual that day.

Later, and finally home after several tiring classes, my friend Tom checked the contents of his bag. Sure enough, everything was there — his watch, his wallet, his sunglasses, and his portable telephone.

これは正直，まったくの幸運，そして信じられないほどすばらしい自主的な行動の話である。私の友人トムは，語学学校のつらい1日の授業を始めるために代々木から吉祥寺まで10キロ自転車で移動した。しかしながら，彼はそこに着くとすぐに電話で話した。「バッグをなくした」と彼は言った。「その中に何もかも入っているんだ」。こうしたことは，ここではかなり多く起こるようだ。日本にいるのだから，なくしたものは何でも戻ってくるだろうと自然に期待してしまうので，外国人の中には大変不注意な人もいる。

トムは私に，どこで自転車から黒い革のバッグが落ちたのかを調べるために付近を自転車で回ってもらいたいと考えた。「君はバッグを固定してなかったと本気で僕に言うつもりなの？」と私は彼に言った。「固定しなかったんだ」と彼は言った。「僕は急いで出発したんだ。後ろの荷台の上にバッグをバランスをとるように置いて自転車で出かけたんだよ」。彼に有利な1つのことがあった。彼は日本に住んでいた。「まあ」，私は彼を元気づけるために言った，「君は日本に住んでいるんだから，君がバッグを取り戻す可能性はかなりあるよ。実際に，可能性は極めて高いよ」。「そうだといいんだけど。神様，そうなることを願います」とトムは言った。

私の予言通り，1時間ほどして電話が再び鳴ったとき，相手はタカカワダイスケという名前の若い日本人だった，そしてバッグは彼が持っていることを電話で言った。彼の母は仕事へ行く途中で，ゴミの山の上にそれを見つけた，そしてそれを地元の交番に持っていったが，結局交番は閉まっているとわかっただけだった。「そこにあるものとしては高価すぎるように見えたの」と，それを家に持ってきたとき彼女は息子に言った。

「何が？ゴミが？」と彼は尋ねた。「違うわ，バッグよ」と彼の母は答えた。「とてもいいものよ」。

タカカワダイスケはその中身を調べ，電話番号を見つけ，すぐにそこに電話をかけた。

それが私が事態に関わったときだった。私は代々木駅でタカカワダイスケに会った，そして彼は私にバッグを手渡した。

トムの幸運は，彼のバッグが，良いものに対して鋭い目を持つ女性によって見つけられたということだった。彼が幸運だったまた別の点は，ダイスケが見事な英語を話したことと，バッグが外国人のものであると確認しても，電話をすることをまったく気楽なことだと感じたことであった。その日はゴミ回収車が普段より少し遅く巡回を開始したとは，トムはまた運がよかった，とても運がよかった。

その後，いくつかの疲れる授業の後でやっと帰宅して，私の友人トムはバッグの中身を調べた。やっぱり，時計，財布，サングラス，そして携帯電話，すべてあった。

テーマ解説とリーディングガイド

UNIT 1 ● 環境

地球の環境の複雑さと精密さを述べる英文。温室効果，オゾン層の破壊など地球環境の悪化が続いている現在，環境に関する英文の出題は急増している。この種の英文を読破するために，地球が抱えている様々な環境問題を知っておきたい。

UNIT 2 ● 人類

人類の進化の歴史について述べられた英文。本文は主に人類の生物としての進化について述べられているが，大学入試では，人類の文明・文化について述べるものも多い。人類は道具としての火の使用や武器の使用・話し言葉や書き言葉の発明・農耕と牧畜・産業革命を経て進歩を続けている。

UNIT 3 ● 異文化

日本人とアメリカ人の，意見の述べ方の違いに関する英文。一般的にアメリカ人は率直にハッキリと自分の考えを述べ，日本人は，あたりさわりのない一般的な意見を述べることが多い。筆者はアメリカ人との会話を経て，この文化の違いを体験する。

UNIT 4 ● 産業

アメリカでの自動車産業について述べられた英文。自動車の大量生産・大量使用に関しては，環境に対する配慮から批判の目が向けられることも多い。電気自動車など代替エネルギーを使用した自動車の登場が待望されている。

UNIT 5 ● 生活

物事が一気に悪い方向に進んでしまう事例を述べる英文。状況を生き生きと描写する様々な表現を楽しみながら読破したい。

UNIT 6 ● 社会

警察官の仕事に伴う，即時の決断の重要性と難しさを述べた英文。抽象的表現が多く，読みにくい部分もあるので，状況を頭の中でしっかりと具体化しながら読破したい。

UNIT 7 ● 文化
　俳優業の難しさや，俳優になりたいのはどうしてなのかということを述べた英文。

UNIT 8 ● 歴史
　目の不自由な人物による点字の改良について述べられた英文。難解な表現も多い。

UNIT 9 ● 物語
　電車の中で乗り合わせた，詩人と科学者のやりとりを描写した英文。最後に気の利いたオチがある。このような英文では，「オチ」をきちんと理解することが大変重要。

UNIT 10 ● 異文化
　イギリスの習慣やマナーについて述べられた英文。紳士・淑女の国イギリスにおける，有名な「列を作って待つ習慣」や「禁煙の普及」「子供の扱い」などについて述べられている。このように文化的習慣について述べられている英文は多いが，結論として「互いの文化を認め合い尊重する必要性」へと至ることが多い。

UNIT 11 ● 社会
　筆者が独裁者になったら，世の中を良くするためにどのような改革をするかということを論じている。主に生活環境の改善や平和について述べられている。

UNIT 12 ● 生活
　日本に住む外国人がバッグをなくし，そのバッグが人々の善意によって発見された一件を描いた一節。ネガティブな事件を取り上げる問題も多い中，幸せな気持ちになれる英文。

● 本書の問題英文について ●

「共通テストレベル」の英文をすらすら読むために
● ●

　本書では，私立中堅大の入試問題の中から，共通テストにレベル的に近いものを選び，採用しました。また，問題にバラエティを持たせるために，創作した部分や改題した部分があります。

　本書の英文問題のレベルまで，すらすらと読みこなせるようになれば，共通テストもこわくありません。

■ 出題校一覧
　神戸松蔭女子学院短期大学
　樟蔭女子学院短期大学
　四天王寺国際仏教大学短期大学部
　福井工業大学
　聖学院大学
　大阪学院大学
　近畿大学
　東邦大学
　國學院大学
　龍谷大学
　桃山学院大学
　専修大学

安河内 哲也（やすこうち　てつや）

　上智大学外国語学部英語学科卒業。東進ハイスクール・東進衛星予備校講師。衛星放送を通じ，基礎レベルから難関レベルまで，ていねいでわかりやすい授業で全国の受験生に大人気。特に，英語が苦手な人を超基礎レベルから偏差値60台にまで引き上げる，基礎力養成の講義には定評がある。

　取得資格は国連英検特A級，通訳案内業，TOEICテストリスニング・リーディング・スピーキング・ライティングすべて満点，韓国語能力試験1級など多数。趣味は乗り物の操縦と映画を観ること。著書は，『英単語フォーミュラ1700』（東進ブックス），『超基礎がため　わかる！　英文法』（旺文社），『英文法ハイパートレーニング』シリーズ（レベル1，2，3）（桐原書店）など。

　東進での担当講座「基礎から偏差値アップ総合英語」，「有名大突破！　戦略英語解法」，「TOP LEVEL ENGLISH」は難関大への登竜門となっている。

英文校閲: Karl Matsumoto, Jonathan Nacht
執筆協力: 三井雅子，山越友子
編集協力: ㈱交学社，佐藤誠司
資料提供: 特定非営利活動法人
　　　　　全国視覚障害者情報提供施設協会

大学入試　英語長文ハイパートレーニング
レベル2　標準編　音声オンライン版

2004年10月15日	初　版第1刷発行
2008年4月10日	新装版第1刷発行
2020年2月10日	新々装版第1刷発行
2024年3月30日	音声オンライン版第1刷発行
2024年8月10日	音声オンライン版第2刷発行

著　者	安河内　哲也
発行者	門間　正哉
印刷・製本	図書印刷株式会社

発行所	**株式会社 桐原書店** 〒114-0001 東京都北区東十条3-10-36 TEL　03-5302-7010　（販売） www.kirihara.co.jp

▶装丁／川野有佐
▶本文レイアウト／小菅和信（ケイ・グローバル・デザイン），新田由起子（ムーブ）
▶本書の内容を無断で複写・複製することを禁じます。
▶乱丁・落丁本はお取り替えいたします。
Printed in Japan
ISBN978-4-342-20788-4

© Tetsuya Yasukochi